本丛书得到何东先生独资赞助

This series of books is financially supported exclusively
by Mr. Eric Hotung.

20世纪中国文物考古发现与研究丛书

周　原

陈全方　陈　敏／著

文物出版社

一　扶风召陈村西周 3 号房基

二　扶风云塘村制铜作坊发掘现场

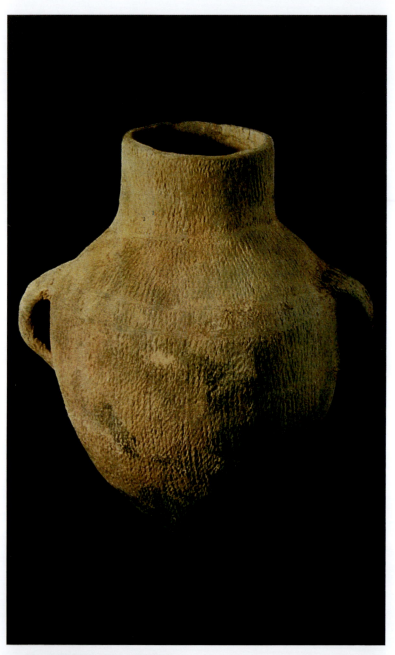

三　扶风齐家村出土先周陶罐

四 扶风庄白村
出土西周青
铜盘

五 扶风庄白村
出土西周青
铜簋

六 扶风庄白村
出土西周青
铜鼎

七　岐山京当王
　　家嘴出土西
　　周玉鱼

八　岐山凤雏村出
　　土西周玉刀

九　扶风齐家村
　　出土西周玉
　　燕佩饰

20 世纪中国文物考古发现与研究丛书

序 / 张文彬

俗称"锄头考古学"的田野考古学的诞生以及中国考古学学科体系的基本完善，由此而引起的古物鉴玩观赏著录向科学的文物学的转变，是 20 世纪中国学术与文化界的大事。它从材料与方法两个方面彻底刷新了持续了数千年之久的中国古代史学传统，不但为中国学术界和文化界开拓出更加广阔的研究天地，也为一切关心中华民族悠久历史和灿烂文明的人们不断地提供了可贵的精神滋养和力量源泉。

仰古、述古、探古，进而考古，向来为我国传统文化中一个明显的学术特点。先秦时期诸子百家发其端，汉代司马迁撰写《史记》，北魏郦道元作注《水经》。他们对相关的遗迹遗物，尽可能地做到亲自考察和调查，既能辨史又可补史。这种寻根追源的治学态度，为后世学术上的探古、考古树立了榜样。此后，山河间的访古和书斋式的究古相继开展，特别是对古器物的研究，成了唐、宋时期的文化时尚。不少学者热衷于青铜铭文、碑刻、陶文、印章等古文字的考释，进而有了对器物的辨伪鉴定、时代判断、分类命名等，逐渐兴起了一门新的学问——金石学，涌现出许多著名的古器物鉴赏家和收藏家。只是囿于当时的历史条件，金石学家们无法了解所见文物的出土地点和情况，也难以涉及史前时代漫长的演进历程，因而长期以来始终脱离不了考证文字和证经补史的窠臼。即使如此，他们的艰辛努力和取得的成绩，还是为推动我国传统文化的发展起到了积极作用，并且在事实上也为中国考古学和中国文物学的起步铺设了最早的一段道路。

　　20世纪初，近代考古学由西方传入。中国学者继承金石学的研究成果，学习并运用西方考古学方法，开始从事田野考古，通过历史物质文化遗存，探寻和认识古代社会，揭示人类社会发展规律。早在1926年，中国学者就自行主持山西南部汾河流域的调查和夏县西阴村史前遗址的发掘。随后，我国学者同美国研究机构合作，有计划地发掘周口店遗址，发现了北京猿人。从1928年起至1937年，连续十五次发掘安阳殷墟遗址，取得了较大收获，引起了国内外学术界的重视。自20世纪50年代以后，随着国家大规模经济建设的进行，田野考古勘探、调查和科学发掘工作在全国范围内蓬勃有序地开展，许多重要的典型遗址和墓地被揭露出来，重大发现举世瞩目。它们脉络清晰，层位分明，文化相连，不仅弥补了某些地域上的空白，而且衔接了年代上的缺环，为研究中国古代史、文化史、科学史以及其他学科领域，提供了珍贵、丰富的实物资料，极大地影响着人文社会科学诸多学科专业的研究与发展。这段时间被学术界称为中国考古学的黄金时代。在马列主义理论指导下，具有中国特色的考古学理论体系和方法论逐渐形成。有关研究成果不仅极大地改变和丰富了人们对中国文明起源、中国古史发展等重大问题的认识，同时也扩展了中国文物的研究领域和研究方式。可以说，考古学的发展与进步，直接影响到文物学的形成与发展，而且影响到全社会对文化遗产重要作用的认识以及世界学术界对中国古代文明的重新认识。

从 20 世纪 80 年代开始，文物界就中国文物学的创立，逐渐取得共识，在共同探讨的基础上，初步形成了学科体系。不少学者发表了有关论文，出版了专著，就文物的历史价值、科学价值、艺术价值以及在社会主义的物质文明与精神文明建设中如何对文物进行有效保护、合理利用发表意见。这些研究成果已获得学术界的赞同。

在这世纪之交和千年更替之际，对中国考古学和中国文物事业作一次世纪性的回顾和反思，给予科学的总结，是许多学者正在思考和研究的问题。如果能通过梳理 20 世纪以来重大发现和研究成果，透视学科自身成长的历程，从而展望未来发展的方向，以激励后来者继续攀登科学高峰，无疑是一件很有意义的事。为此，经过酝酿、商讨和广泛征求意见，我们约请一批学者（其中有相当多的中青年学者）就自己的专长选择一个专题，独立成篇，由文物出版社编辑出版一套《20 世纪中国文物考古发现与研究丛书》，并以此作为向新世纪的献礼。

从某种意义上说，《20 世纪中国文物考古发现与研究丛书》是一套学科发展史和学术研究史丛书。其内容包括对 20 世纪考古与文物工作概况的综合阐述；对一些重要的考古学文化和古代区域文化研究情况的叙述；对文物考古的专题研究；对重要的文物考古发现、发掘及研究的个例纪实。

此套丛书的内容面广，而且彼此关联。考虑到各选题在某些内容上难免会有重叠或复述，因此在编撰之初，我们要求各选题之间互有侧重，彼此补充，以期为读者了解 20 世纪中国考古学和文物学的发展提供更多的视角。

我国的文物与考古工作，虽在 20 世纪得到了迅速发展，但仍有许多重大学术问题需要进一步探索。我们主持编辑这套丛书，除了强调材料真实，考释有据，写作态度严谨求实外，也不回避以往在工作或研究上曾经产生的纰漏差错和不足之处，以便为今后的工作和研究提供借鉴。虽然我们尽了很大努力，但限于水平，各篇仍很难整齐划一。由于组稿和作者方面的困难和变化，一些计划之中的题目也未能成书。这些不周之处，敬请专家、学者和广大读者批评指正。

在丛书编印过程中，我们得到了文物、考古界的广泛支持。何东先生在出版经费上给予了热情帮助。在此，一并深表感谢。

2000 年 6 月于北京

目　　录

前　言 ·· 1

一　有关周原的文献记载与研究 ················· 4

（一）周人的起源及相关问题 ·············· 5

（二）周人的发展及活动中心 ·············· 8

（三）周人的地望 ···························· 11

1. 古文献记载的周原 ··············· 11

2. 周原地理与西周文物分布 ········· 13

二　周原地区考古发现与研究简述 ·············· 17

（一）20 世纪 30 年代至 1975 年周原

考古发现与研究 ·················· 18

　　1. 考古发现概述 ·················· 18

　　2. 研究情况概述 ·················· 31

（二）1976—1983 年周原考古发现与研究 ······· 35

　　1. 考古发现概述 ·················· 35

　　2. 研究情况概述 ·················· 38

（三）1984—1999 年周原考古发现与研究 ······· 41

　　1. 考古发现概述 ·················· 41

　　2. 研究情况概述 ·················· 42

三　周原遗迹的考古发现与研究 ············ 45

（一）周原建筑基址的考古发现与研究 ·········· 46

　　1. 岐山凤雏村西周建筑基址的发掘与研究 ····· 46

　　2. 扶风召陈村西周中期宫室（宗庙）建筑

　　　基址的发掘与研究 ················ 65

　　3. 周原西周建筑基址的价值意义 ········· 70

（二）周原西周墓葬（车马坑）的发掘

与研究 ·············· 76

    1. 墓葬（车马坑）的发掘 ·············· 76

    2. 墓葬的研究 ·············· 86

（三）周原制骨作坊的发掘与研究 ·············· 98

    1. 扶风云塘村西周制骨作坊的发掘 ·············· 98

    2. 扶风云塘村西周制骨作坊的研究 ·············· 103

四 周原遗物的考古发现与研究 ·············· 111

（一）周原青铜器的发现与研究 ·············· 112

    1. 1976 年以前周原青铜器的发现与研究 ·············· 112

    2. 1976 年以来周原青铜器的发现与研究 ·············· 121

（二）周原甲骨文的发现与研究 ·············· 140

    1. 周原甲骨文的发现 ·············· 140

    2. 周原甲骨文的研究 ·············· 150

    3. 关于周原甲骨断代问题的讨论 ·············· 154

（三）周原陶文的发现与研究 ·············· 157

（四）周原出土陶制生产工具的研究 ·············· 167

参考文献 …………………………………………… *174*

后　记 ……………………………………………… *177*

插 图 目 录

一 周岐邑文物遗迹分布图 ……………………… 13

二 岐山礼村出土的商代青铜鼎 ……………… 20

三 岐山贺家村出土的西周青铜牛尊 ………… 22

四 岐山董家村出土的西周青铜壶 …………… 24

五 扶风齐家村出土的西周青铜盂 …………… 26

六 宝鸡茹家庄出土的西周青铜象形尊 ……… 27

七 宝鸡茹家庄出土的西周青铜貘形尊 ……… 28

八 宝鸡茹家庄出土的西周青铜鼎 …………… 29

九 宝鸡茹家庄出土的西周玉鹿 ……………… 30

一〇 宝鸡竹园沟出土的西周青铜卣 ………… 36

一一 扶风庄白村出土的西周青铜匜 ………… 37

一二 岐山凤雏村西周甲组宫殿基址发掘探方外景 ……… 47

一三　岐山凤雏村西周甲组宫殿基址清理发掘布方现场 …… 47

一四　岐山凤雏村西周甲组宫殿基址平面图 ………………… 49

一五　岐山凤雏村西周甲组宫殿基址西门房和

西厢房台基 ……………………………………………… 50

一六　岐山凤雏村西周甲组宫殿基址出土的陶水管 ……… 55

一七　周原西周宫室遗址出土的筒瓦 ……………………… 56

一八　周原西周甲组建筑基址出土的装饰品 ……………… 64

一九　岐山凤雏村西周甲组建筑基址复原鸟瞰图 ………… 64

二〇　扶风齐家村十九号西周墓葬中出土的玉器拓片 …… 82

二一　扶风刘家村出土的先周陶鬲 ………………………… 84

二二　扶风云塘村出土的西周玉串饰 ……………………… 96

二三　扶风庄白村窖藏出土的西周青铜盨 ………………… 122

二四　扶风庄白村窖藏出土的西周青铜方彝 ……………… 123

二五　扶风庄白村窖藏出土的西周青铜折觥 ……………… 124

二六　扶风庄白村窖藏出土的西周青铜壶（三年痶壶） … 126

二七　三年痶壶铭文拓本 …………………………………… 127

二八　扶风庄白村窖藏出土的西周青铜盘（墙盘） ……… 127

二九　墙盘铭文拓本 …………………………………… 128

三〇　扶风云塘村出土的西周青铜簋（伯公父簋）……… 129

三一　伯公父簋盖铭文拓本 …………………………… 130

三二　扶风齐村出土的西周青铜簋（胡簋）…………… 130

三三　胡簋铭文拓本 …………………………………… 131

三四　扶风齐家村出土西周甲骨文（甲片）摹本 …… 144

三五　扶风齐家村出土西周甲骨文（肩胛骨）摹本 ……… 146

三六　部分西周甲骨文摹本一 ………………………… 148

三七　部分西周甲骨文摹本二 ………………………… 149

三八　周原出土部分陶文拓本 ………………………… 158

前 言

　　周原位于陕西关中平原西部，距西安 100 公里有余，南距西宝高速公路 20 公里有余。周原之称始见于《诗·大雅·绵》"周原朊朊，堇荼如饴"，说明周原是一处土地肥沃、适宜农耕的好地方。周人自古公亶父由邠迁岐，在周原定居后，垦荒种植，建都立国，声望随之大振，周原成为西周王朝的发祥地，始终是周人心目中向往的圣地。周代灭亡以后，随着时间的推移，周原沦为废墟，甚至被后人遗忘。这里自古以来一直是出土周文化遗存的重地，西周时期的青铜器常在此问世，尤以青铜器窖藏居多。每窖出土数量不等，少则一件，多则百余件，被人们誉为"青铜器故乡"。这里成为少数古物爱好者和古董商出没的地方，不知有多少青铜重宝从这里流入异国他乡。直到 1949 年以后这种情况才得到了好转。

　　新中国成立后，随着我国文物考古事业的蓬勃发展，周原地区的文物保护和考古发掘工作也随之加强。周原地区出土的文物越来越被世人所重视和关注。1975 年 2 月，在岐山县京当乡董家村发现了一窖青铜器，计有鼎、簋、壶、匜、鬲、豆等三十七件，其中三十件有铭文，最长的一器有二百零七字。铭文内容记载了西周中期的征伐、租田、诉讼、赏赐等，对探讨西周社会内部所孕育的封建生产关系具有十分重要的史料价值。由于周原一直是出土青铜器的重地，又是文献资料所记载的周人早期活动的中心地区之一，这就为探索周文化渊源提供了发掘地点选择的依据。1976 年春，国家文物局组织考古工作者们赴周原实地考察选点，3 月正式开工发掘，直到 1983

年大规模发掘结束。

经过长达八年的考古调查与发掘，周原地区出土了大批珍贵文物，计青铜器二百多件，西周甲骨文一万七千多片（其中有字甲骨三百片），各类陶器、陶片十万余件。发掘了大型宫室（宗庙）建筑基址三座，西周制骨作坊基址一处，西周墓葬、车马坑二百多座，青铜器窖藏十余处，揭示了西周宫室（宗庙）建筑的规模和技术，进一步探明了西周各类墓葬、车马坑的形制。西周甲骨文和青铜器的出土，则为研究西周的社会、政治、经济、军事、文化艺术提供了极其重要的实物资料。据不完全统计，截至目前，研究周原地区出土文物的论著达百余部（篇）之多，研究的广度和深度都超过了以前的周文化研究。

一

有关周原的文献记载与研究

对周原的研究，见于文献资料时代较早的，如郑玄、郑司农等经学注疏家对周原的地望和周人在周原活动情况的具体注释。这为后人研究周原提供了可靠的线索。

为了全面反映周原考古发现与研究的过去和现在，较概括地进行历史回顾是必要的。

（一）周人的起源及相关问题

有关周人的祖先及其政治、经济、文化面貌的古文献记载，散见于《尚书》、《诗经》、《左传》、《周礼》、《仪礼》、《礼记》、《史记》等书。最早的记载当属《诗经》，该书收集了周人当时的祭祀乐歌和民间的歌谣，其中许多诗篇记载和歌颂了周人祖先的事迹，是研究周族起源和周文化渊源的生动材料，如《诗·大雅·生民》就是描绘周人始祖的原始材料。诗中详细陈述了周始祖后稷诞生的过程和他发明农业、播种五谷的成就。司马迁在《史记·周本纪》中说："周后稷，名弃。其母有邰氏女，曰姜原（一作嫄）。姜原为帝喾元妃，姜原出野，见巨人迹，心忻然说，欲践之，践之而身动如孕者。居期而生子，以为不祥，弃之隘巷，马牛过者皆辟不践；徙置之林中，适会山林多人，迁之；而弃渠中冰上，飞鸟以其翼覆荐之。姜原以为神，遂收养长之。"这里所说的践巨人迹而生后稷，《太平御览》卷九九引《元命苞》曰："姜嫄游宓宫，……履大人迹而生稷。"《论衡·吉验篇》也说后稷是姜嫄踩了大人迹而生的。这些记载都表明汉代对此说法是一致的，问题是这个大人迹是什么。近人孙作云认为，"大人之迹"就是熊迹，姜嫄履大人之迹而生子，就是履熊迹而生子，周人以熊为图腾。孙氏说："黄帝之族以熊为图腾，而周族出于黄帝，因此说，原始的周人也以熊为图腾。"[1]

《史记·周本纪》在叙述后稷诞生过程之后说："弃（后稷）为儿时，屹如巨人之志，其游戏，好种树麻、菽，麻、菽美。及为成人，遂好耕农，相地之宜，宜谷者稼穑焉。民皆法则之。帝尧闻之，举弃为农师，天下得其利，有功。帝舜曰：'弃，黎民始饥，尔后稷播时百谷！'封弃于邰，号曰后稷，别姓姬氏，后稷之兴在陶唐、虞、夏之际，皆有令德。"

《诗·生民》和《史记·周本纪》的记载虽然有浓厚的神话色彩，但可以给我们几点启示：

第一，后稷之时，周人尚处在母系氏族社会向父系氏族社会过渡期，还没有摆脱"只知其母，不知其父"的原始状态。后稷之父是谁？史书未载，但是从部落通婚的规律分析，结合后稷之后氏族间的通婚情况看，后稷之父当是姬姓族。姬姓族和姜族世代为姻，直至武王始终如此。《诗·大雅·绵》说："绵绵瓜瓞，民之初生，……古公亶父，来朝走马，率西水浒，至于岐下。爰及姜女，聿来胥宇。"这里的姜女即是太姜，姜姓之女。《诗·大雅·思齐》也说："思媚周姜，京室之妇。"这说明古公亶父的夫人是太姜。《左传·昭公元年》载："当武王邑姜方震（娠）大叔。"杜预注："邑姜，武王后，齐大公之女。"直到武王灭商后，各诸侯都是以姬、姜两姓通婚为主，所以姬、姜两族可以说是西周时代主宰华夏大地的两大集团。

第二，周人到后稷时已摆脱了单纯的游牧生活，开始从事农业生产，在种植小米、豆、麻等作物方面已有了一定的经验。后稷不仅是种植农作物的能手，而且是收割和处理谷粒的专家，"或舂或揄，或簸或蹂"正是这种情景的写照。《史记·周本纪》记后稷长大成人后，曾被尧举为"农师"，被舜封于邰地，赐以官名"后稷"，"姓姬氏"。这说明后稷的兴起在夏朝之前，到虞夏已显露头角了。至于周人在后稷之前的族祖源渊，史学界也做了不少有益的探索，到目前为止说法不尽统一，但认为周人源于黄帝一族的看法比较普遍。周人始祖可以追溯到夏、黄帝、少典（族名）。周人往往自称是夏人，这在《尚书》、《国语》、《世本》等文献中屡见，如《尚书·康诰》说："用肇造我区夏。"同书《君奭》："惟文王尚克修和我有夏。"《立政》："我有夏，式商受命。"《召诰》："相古先民有夏。"又如《国语·周语》说姬姓和姜姓都是由于其始祖禹和四岳治理洪水有功，受上帝嘉奖而赐的姓氏。《国语·晋语》记载："黄帝之子二十五人，其同姓者二人而已。……其得姓者十四人，为十二姓。姬、酉、祁、己、滕、箴、任、荀、僖、姞、儇、依是也。唯青阳与仓林氏同于黄帝，故皆为姬姓。"韦昭注："二十五宗唯青阳与仓林德及黄帝，同姓为姬也。"

同书还说："昔少典娶于有蟜氏，生黄帝、炎帝。黄帝以姬水成，炎帝以姜水成。成而异德，故黄帝为姬，炎帝为姜，二帝用师以相济也，异德之故也。异姓则异德，异德则异类。异类虽近，男女相及，以生民也。"韦昭注："相及，嫁娶也。"

以上所引资料说明周人实源于黄帝族。由于黄帝居住在姬水流域，因而以姬水得姓，而炎帝居住在姜水流域，故姓姜。当时黄帝族与炎帝族是互通婚姻的两大氏族集团。

（二）周人的发展及活动中心

据文献记载，周人在后稷之后仍然活动在今陕西、甘肃的渭水、泾水流域，中心地区有五个：

第一，邰地，即今陕西省的武功县一带，是后稷诞生地和周人从事农业生产的发源地。《史记·周本纪》记载："帝舜曰：'弃，黎民始饥，尔后稷播时百谷。'封弃于邰，号曰后稷。"《集解》引徐广曰："今釐（即邰）乡在扶风。"

后稷是官名，亦即封号，从弃开始中经多代，史籍缺乏记载，一直以官名称呼。

《史记·周本纪》说："后稷卒，子不窋立。不窋末年，夏后氏政衰，去稷不务，不窋以失其官而奔戎狄之间。"《正义》引《括地志》云："不窋故城在庆州弘化县南三里，即不窋在戎狄所居之城也。"

这里的"后稷卒"，不是指弃，而是弃的后代。《国语·周语》记祭公谋父谏周穆王说："昔我先王世后稷，以服事虞、夏。"这说明在虞夏时代周人世世代代是农官，即后稷官。《史记·周本纪》说："后稷之兴，在陶唐（唐尧）、虞（舜）、夏（禹）之际。"这两段记载说明后稷作为农官的称呼持续时间很长。在三四百年甚至更长的时间里，周人的活动地域当在渭水和泾水流域为主的今陕西关中一带，其中心在今陕西省武功县。直到夏王朝孔甲时，周人才失掉世袭的农官。

第二，甘肃庆阳、平凉等地，是周人在渭水、泾水流域的第二个活动中心。《史记·周本纪》说："不窋以失其官而奔戎狄之间。"《国语·周语》祭公谋父说："及夏之衰也，弃稷（农官）不务，我先王不窋用失其官，而自窜于戎、狄之间。"学术界一般认为夏王朝的衰落始于孔甲，到孔甲时周人因殷商兴起与夏王朝有了矛盾，而逃到戎狄之间。《史记正义》引《括地志》云："不窋故城在庆州弘化县南三里，即不窋在戎狄所居之城也。"周人由不窋到公刘、共三代，在此重新恢复农业生产，开始复兴。《史记·周本纪》说："公刘虽在戎狄之间，复修后稷之业，务耕种，行地宜，自漆、沮渡渭，取材用，行者有资，居者有蓄积，民赖其庆，百姓怀之，多徙而保归焉。周道之兴自此始，故诗人歌乐思其德。"《史记正义》云："公刘从漆县漆水南渡渭水，至南山取材木为用也。"《括地志》云："豳州新平县即汉漆县也。漆水出岐州普润县东南岐山漆县，东入渭。"据史念海考证，漆水即今岐山县之小横水河[2]。由此也可看出，周人到不窋时曾与戎狄杂居，这里的戎狄即是商周时的鬼方和春秋时期的赤狄[3]。而其活动地域不仅限于庆阳一带，而南到南山（即今秦岭西段），东到豳（邠）地。

第三，公刘、庆节居豳（邠）。《史记·周本纪》说："公刘卒，子庆节立，国于豳。"《索隐》："豳即邠也。"《正义》引《括地志》云："豳州新平县即汉漆县，《诗》豳国，公刘所邑之地。"《史记·刘敬传》也说："周之先自后稷……公刘避桀而居豳。"《诗·公刘》毛传说："公刘居邰而遭夏人乱，迫逐公刘，公刘……乃邑于豳。"从以上所引文献看，周人居豳自公刘始。邠地在当时来说范围很大，应包括陕西关中北部、甘肃东部和山西西部。但作为公刘活动的中心当在陕西长武、邠县、旬邑一带。周人在此采取了一系列发展生产和增强军事力量的措施，为周族的兴起奠定了最初的基础。正如《诗·公刘》篇歌颂的那样，"乃裹餱粮"、"弓矢斯张，干戈戚扬，爰方启行……于豳斯馆"。从公刘到古公亶父共经九代，周人久住于此，不断发展壮大。

第四，古公亶父"止于岐阳"。岐阳即岐山之南，在今陕西省岐山县、扶风县的周原一带，这是周人在渭河流域的第四个活动中心，周人这次大规模迁徙活动的原因和路线，在《孟子》、《史记》、《汉书》中均有记载。《孟子·梁惠王下》说："昔者大王居邠，狄人侵之，去之岐山之下居焉，非择而取之，不得已也。"又说："昔者大王居邠，狄人侵之，事之以皮币，不得免焉；事之以犬马，不得免焉；事之以珠玉，不得免焉，乃嘱其耆老而告之曰：'狄人之所欲者，吾土地也。吾闻之也，君子不以其所以养人者害人，二三子何患乎无君？我将去之。'去邠，逾梁山，邑于岐山之下居焉。邠人曰：'仁人也，不可失也。'从之者如归市。"《史记·周本纪》依据各种材料综合说："古公亶父复修后稷、公刘之业，积德行义，国人皆戴之，熏育戎狄攻之，欲得财物，予之。已复攻，欲得地与民。民皆怒，欲战。古公曰：'有民立君，将以利之。今戎狄所为攻战，以吾地与民。民之在我，与其在彼，何异。民欲以我故战，杀人父子而君之，予不忍为。'乃与私属遂去豳，度漆、沮，逾梁山，止于岐下。豳人举国扶老携弱，尽复归古公于岐下。及他旁国闻古公仁，亦多归之。于是古公乃贬戎狄之俗，而营筑城郭室屋，而邑别居之。作五官有司，民皆歌乐之，颂其德。"

由这些资料分析，古公亶父迁到岐山周原的主要原因有二：一是由于遭到戎狄（即后来的匈奴）的侵扰和掠夺，当时周人力量尚弱，加之周人志在东方，要蓄积力量，故不得不远离狄人。二是作为从事农业生产的周人，从地理环境考虑，邠地的水土不如岐山之阳的周原那样肥美和适于农耕，而且周原北依岐山，南临渭河，邻近周人祖先后稷诞生之地。正是基于这两方面的原因，古公亶父选择了移居周原的策略。

漆水和沮水，史念海考证说："现在的横水河和沣河，那时叫做漆水和沮水。……从遗址的分布，可见当时周人迁居周原的路线是由邠县、旬邑、长武出发，越过永寿、乾县的梁山，过杜水河，沿今日的漆水南下，东拐至大北河再南下，西折沿沣河西上，定居于今扶风县北、岐山县东北三十公里的黄堆、法门、京当等公社的广大地区。"[4]

到文王时周人的势力范围越来越大，正如《诗·皇矣》所歌颂的那样："居岐之阳，在渭之将，万邦之方，下民之王。"周原范围已及渭河以北、岐山之南的关中西部平原了。

第五，到文王末年，周人为了东进灭商，迁都至沣，即今陕西长安县沣河以西，到武王时又迁都至镐，即今长安县沣河以东，这就是史书记载中的沣镐二京，周人在此定都长达四百余年，但周原作为周人祖庙所在，每年的重大祭祀活动还回老家进行，有不少达官贵人死后仍埋葬于此。

（三）周人的地望

1. 古文献记载的周原

周民族在邠地（即今陕西武功县）兴起后，到公刘时迁

居于邠（即今陕西旬邑、邠县等地）。古公亶父时由于戎狄的
侵扰又从邠地迁到周原。古公亶父所迁居的周原，历来史地学
界说法不一，悬殊很大。造成这种分歧的原因，主要是由于周
原历经千年之久的历史变迁所造成的。史念海对此有深刻的剖
析，他在《周原的变迁》一文中说，周原变迁的显著特征就
是原面的缩小和破碎。魏晋之间已经分出了一个积石原，唐代
又添了三畤原和武功县的西原，这个西原到明代又称为雍原。
以后的原名更多，凤翔县有五畤原、石鼓原、彭祖原。岐山县
有七里原，扶风县有饴原。从周原分出的这几个原中，以积石
原为最早。积石原见于记载在魏晋之间，则距古公亶父的南
迁，大约有一千五百年上下。促成周原的初步切割和积石原的
形成，关键在于沣河的下切已到明显的程度，这时已经不是沮
洳地的沮水，而是切割周原的一条较大河流，因此在积石原见
于记载以后约三百郦道元撰著《水经注》时，就把周原缩小
到只有横水河下游以东的一部了。并考证说，沣河在周人迁岐
时称为沮水，那时沮水两岸为沮洳地，而且成泽。另外他认为
森林的被砍伐，也使沣河下切加速，黄土侵蚀。特别唐、宋二
代大量砍伐岐山森林，使周原水土流失，形成了多条沟壑，加
深了原面的支离破碎。周人以后的周原，就逐渐为沟壑切割成
南北向的长条块，最宽的原面不过十三公里，与周人在这里居
住时的情况大不相同[5]。

　　史地学者的观点如此明确，那么真正实在的周原，也就是
周人时期的周原究竟是什么样子的呢？至目前为止，经周原考
古队的努力工作基本上解决了这一问题。西周遗址和墓葬的分
布事实，充分说明周人初居周原时，其范围东到武功，西到宝
鸡县的岐山之阳及渭河以北的广阔平原。而古公亶父所建立的

都城岐邑，也就是史书所说的周城，包括今岐山县的京当乡、祝家庄乡和扶风县的黄堆乡、法门乡的一部分，周原考古队在这里发掘出土的西周早期和中期的宫室（宗庙）建筑基址和大批出土文物有力地证实了这一点。这也是周原考古的重大收获[6]。

2. 周原地理与西周文物分布

经过多年来的考古发掘、钻探、勘察，在周原地区出土了大量的遗迹遗物。同时加上当时周人遗留下来的文字资料，给我们复原周原地理环境创造了极为有利的条件（图一）。

周初的周原较现在的原面完整而宽广，包括凤翔、宝鸡、岐山、扶风、武功等县，全长约70公里左右，南至渭河，北

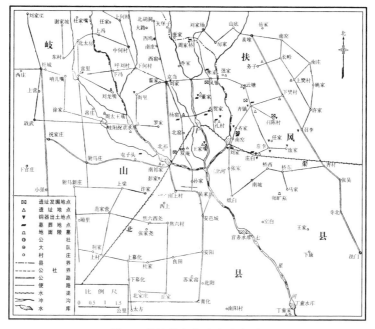

图一　周岐邑文物遗迹分布图

起岐山，宽约 20 公里左右，当时的沟壑、村落等都很少，现在这里多且深的沟壑无疑是历经几千年水土流失造成的。有的是几十年来农民挖土填圈所致。如今扶风齐家村东壕内不仅分布着当时周人的平民住宅遗址，而且还有当时的冶铜作坊及墓葬的遗迹。

在沣水即沮水两岸，西从凤翔县东南的东鲜家直到岐山县益店镇西南的范家塬，这不到 20 公里的范围内，有西周遗址十处之多。凤翔县西村是著名的西周墓地，曾经出土不少西周文物。在岐山县的横水河两岸有西周遗址七处之多。由武功县普集镇到眉县陇海铁路沿线两侧以及渭河北岸分布西周遗址达十六处之多，其中最为密集并已发掘的有位于今岐山县京当乡和扶风县法门乡、黄堆乡的遗址以及扶风县上宋乡的北吕村等地。在近渭河的北吕村和武功县近渭河北岸的郑家坡西周遗址出土文物十分丰富，从先周到西周的文物脉络清晰。北吕村西周遗址地处渭河淤积地带，土地肥美，雨量充沛，周围分布着周文化遗址，约有三十多处。

在北吕村的东、南、西三面分布有西周时期的居住遗址和手工业作坊，村北坡地主要是墓葬和陶窑。整个遗址区东西长 900 米有余，南北宽约 500 米有余，总面积约 450000 平方米，其中遗址面积约 150000 平方米，时代从先周到西周中晚期。扶风县博物馆于 1977 年到 1982 年在此先后进行六次试掘，发掘了从先周到西周中晚期墓葬共二百八十四座，马坑一座，陶窑一座。先周墓多东西向，地形亦低[7]。此外在凤翔县西村，扶风县壹家堡、刘家，宝鸡斗鸡台、纸坊头，岐山县贺家村等地都出土了先周时期的文物共有几十处之多。这些都是周人早期活动的见证物。

　　周人时期的周原是完整平坦的。由于水土流失，在魏晋之间，从沣河以南分出了积石原，以后由于天然和人为的结果，使周原环境变迁越来越大。《诗·小雅·南山有台》说："南山有台，北山有莱……南山有桑，北山有杨……南山有杞，北山有李……南山有栲，北山有杻……南山有枸，北山有楰。"这说明渭河以南的秦岭有荷草、桑树、枸杞、漆树、拐枣等树，而北山（即岐山）有灰菜、杨柳、李树、杻、檍、楸等树木。

　　周初时期的周原气候十分温和，雨量充沛，比现在暖和得多。在岐山凤雏村西周宫室（宗庙）建筑基址中出土的水牛角骨正是最好的实物例证之一。如今水牛已不适宜在北方干燥地区养殖。当时周原原面的沣河、漆水河的水流较大，河面也较为宽阔。《诗·周颂·潜》云："猗与漆沮，潜有多鱼。有鳣有鲔，鲦鲿鰋鲤。以享以祀，以介景福。"这表明当时祭祀用鱼的种类很多，并说明这些鱼出产在沮水和漆水两条河流。同时从在周原地区发掘的西周墓葬中经常出土有玉鱼之类的饰物，在岐山凤雏村西周早期宫室（宗庙）建筑基址中也出土有鱼形饰物。这些鱼形装饰品形状多样化，说明这些是不同品种的鱼类[8]。

　　总之，周人刚进驻周原时，周原还是一片绿地，牛羊成群，开垦的农田十分肥美，草原森林郁郁葱葱。河流溪涧，泉水涓涓，地面植被和湿度都较现在好得多，不仅气候温和，雨量充沛，而且自然环境也十分美丽。空气清新，极适于发展农业和畜牧业。这正是周人赖以生存和发展壮大的地理条件。加之其北倚的岐山山脉又是一道天然的国防屏障，周人之所以定居周原亦与周原地理环境有关。

注　释

［1］孙作云《诗经与周代社会研究》第7—11页，中华书局1979年版。

［2］史念海《周原的变迁》，《河山集》（二集），三联书店1981年版。

［3］段连勤《丁零、高车与铁勒》，上海人民出版社1988年版。

［4］史念海《河山集》（三集）第361页，人民出版社1988年版。

［5］同［2］。

［6］陈全方《早周都城岐邑初探》，《文物》1979年第10期。

［7］罗西章《北吕周人墓地》，西北大学出版社1995年版。

［8］陕西周原考古队《陕西岐山贺家村西周墓发掘报告》，《文物资料丛刊》
（8），文物出版社1983年版。

二　周原地区考古发现与研究简述

（一）20 世纪 30 年代至 1975 年
周原考古发现与研究

1. 考古发现概述

为了探索周人的文化渊源和先周文化的面貌，1933 年北平研究院着手组织人员部署发掘地点，对陕西关中西部进行有目的的考古调查，当时曾提出：陕西为周、秦、汉、唐古都之所在。史迹遗留，极为丰富，而本会（指史学研究会）研究之目的，却只限于周民族与秦民族之初期文化，及与之有直接关系之各问题。其所以如此限制者，因汉唐史迹，虽亦亟待研究，而此二代因距离现在较近，古书存者尚多，吾人对于其文化及社会组织等各重要问题，尚能从古书中得知大略。至周秦二民族初期之文化，则古书记载与之有关之史料，数量极少，无参证比较之余地，真伪正纰，无法核定。且意义暗昧，颇多难索解处。实为学术界之最大缺憾。本会有鉴于此，乃于民国二十二年春，派徐炳昶、常惠到陕西，从事于此二民族史迹之探讨。进行第一步，当然为地上地下，搜集此二民族遗留的史料。顾地上史迹，因历年久远，除间少之破碎陶片外，几已全无留遗。故搜集此二民族遗留的史料，不得不置重于地下之发掘。地下发掘，略分二支：一、民居，二、葬地。……本会搜集此二民族的史料，侧重于民居遗址的发掘，而发掘遗址，又注重于此二民族之各都邑及其附近。因一民族都邑附近，颇难任他民族之势逼处此，大约可无疑义。本会本上述意旨，略分工作步骤为三：一、调查，二、发掘，三、整理研究[1]。

根据计划，1933 年北平研究院史学研究会派徐炳昶、苏秉琦等前往陕西进行调查后发掘，共调查了七处遗址。陕西长安县的沣京遗址，在秦渡镇北之灵台、斗门镇西南的冯村及其北之大袁村，发现不少灰土、陶片、鬲足、鬲片等。犬邱遗址，在兴平县东南 5 公里的南佐村附近，也发现灰土、砖瓦和陶片等。雍遗址，在今凤翔县城南约 2.5 公里之南古城及其附近，灰土、陶片也不少。陈宝祠遗址，在今宝鸡县东约 7.5 公里的斗鸡台。姜城堡东门外遗址，在宝鸡县城南约 1.5 公里的渭河南岸，也发现了灰土和陶片等。米家崖遗址，在今西安的沣水西岸，有石器、骨器和陶片等。阿房宫遗址，即在今西安市西阿房宫村附近。

经过调查，确定在斗鸡台附近进行发掘，具体地点在戴家沟东西的断崖处。1934 年 4 月至 1937 年 6 月，共发掘了三次，计有遗址、墓葬、灰坑等，重点在沟东区，在南北约 155 米，东西约 70 米的范围内，共发掘墓葬一百零四座，其中八十二座均有随葬器，墓葬分布十分密集。出土的主要器物为陶鬲，亦称瓦鬲。苏秉琦首次对瓦鬲墓进行整理研究，他提出，推测瓦鬲的发生，大约是出于陕豫之间的一种古文化，其年代约当仰韶期的彩陶文化衰落后，龙山期的黑陶文化未繁盛前的一段时间[2]。苏秉琦的这一研究成果，为以后寻找先周文化开辟了通道。

陕西地区在 20 世纪 50 年代、60 年代和 70 年代前期，对全省范围的文物古迹进行了多次普查，并配合基本建设做了不少考古发掘。其中商周时期的遗迹遗物发现层出不穷，几乎遍及全省（图二）。

1960 年陕西省文管会在扶风、岐山两县进行调查的同时，先后清理发掘了一批西周墓葬，共二十九座。其中扶风白家村北窑六座，齐家村打谷场边十二座，齐家村东壕十一座。这批墓葬虽经盗挖，但出土文物仍然不少，达百余件之多。同时在扶风召陈村和白家村发现了很多西周时期建筑用的板瓦、筒瓦

图二 岐山礼村出土的商代青铜鼎

等。在齐家村东壕还采集到一块西周卜骨，卜骨上的钻、凿、灼都很清楚。此外在岐山县的张家、贺家、李家、王家嘴，扶风县的齐家、刘家、强家、齐镇、白家、任家、任里、陈家、康家十三个村子均分布有西周的遗址和墓葬[3]。

1960 年，扶风庄白大队召陈村农民陈志坚在割草时发现一批铜器，共十九件，有鼎五、簋八、壶二、盘一、匜一、勺二，其中十四件有铭文，最长的达二十六字。

这批铜器中的散器是历史上出土最多的一次，有散伯车父鼎四件、散车父簋五件、散车父壶二件，是研究周初散国历史的重要实物资料。散国是周初的一个小诸侯国。散宜生是文王时期的著名大臣之一，其封国在陕西宝鸡县西南的大散关一带，即《水经注·渭水》中的大散关。这批器物很可能是周朝东迁时，埋入地下。这批散器和以往出土的散氏盘、散伯簋、散伯匜等有联系[4]。

1963 年 4—12 月，陕西省考古研究所岐山考古发掘队在岐山京当乡贺家村西及其附近，共发掘了五十四座先周和西周早期的墓葬和一座车马坑。有不少墓互有打破叠压关系，一般距地表 2—3 米深，个别深达 6 米。这些墓葬可分为二期，其中二十九座墓属于先周时期，有九座属于第二期，亦即西周早期[5]。

1966 年冬和 1967 年春，陕西省考古所在岐山贺家村村西发掘了一座西周墓，出土铜器簋、鼎、罍、斝、甗等十七件，戈、矛、弓形器、銮铃、车马器和贝币数十枚。其中史临簋就是这批器物中的一件，该器铭文记载了王宴毕公高，赐给毕公属吏史临贝币十朋，临用此币铸簋，以作纪念。此器当属西周康王时期的标准器。

1967 年 3 月，贺家村农民在村东北修水渠时，挖出铜牛尊

图三 岐山贺家村出土的西周青铜牛尊

一件（图三），是西周初期之器。该尊长 38、高 24 厘米，重
7.5 公斤。造型生动，比例匀称，牛作翘首伸颈吼叫状，两眼
圆瞪，张耳包角，浑圆健美，全器饰云纹，夔纹。四腿粗壮结
实。嘴作流，尾卷作环把，背上有方口置盖，盖上饰虎纽。盖
与器有铜环连接。虎细腰长脊，大头，昂首竖耳，翘尾，四腿
粗壮有力，体作前扑状[6]。

1972 年 5 月 28 日，在渭河以北的眉县眉站乡杨家村西北
土壕边发现一件大鼎。经实地勘察，知此鼎出土于西周灰坑
中，距地表约 1 米，这里文化层堆积很厚，是历史上经常出土
青铜器的地点之一。该鼎通高 77、口径 56.5、最大腹围 187
厘米，重 78.5 公斤。口沿下饰饕餮纹，底填云雷纹。口沿内
有铭文，记载了太公望之女、武王的后妃邑姜，即铭中的王姜

赐给"旟田三于（与）待刈"，即将三个田和待收获的禾稻一并授给旟。这是成王时期的标准器，铭文内容反映了成王时期赏赐土地和禾穗之事，反映了当时"普天之下，莫非王土，率土之滨，莫非王臣"的西周奴隶社会制度[7]。

1974年12月，扶风县黄堆乡云塘大队强家村村东发现一处窖藏，窖口距地表约1.2米，出土铜器共七件，计有大鼎一、特钟一、簋二、簋盖二、镂孔豆一。出土时鼎口向上，簋和盖、镂孔豆置于鼎内，特钟置于鼎外南侧。这批铜器的特点是器形大，铭文长。其中师𩵑鼎通高85、口径64.5、最大腹围205厘米，重105公斤。鼎腹内底部与鼎足相连处，铸成三个直径10、深3.5厘米的圆筒。腹内壁有铭文十九行，共一百九十七字。从铭文"唯王八祀正月"和所叙内容及其形制（马蹄足）、带状雷纹、弦纹等，应为西周共和八年正月之器，是研究西周中期青铜器和历史的重要资料。

出土的师㝬钟通高76.5、铣间43、鼓间29.5、舞修35.5、舞广25、枚高4.5、甬高25.5厘米，重90公斤。钲间和鼓部有铭文共六行，四十八字，俗称"大𪡷钟"。从其铭文"师㝬肇乍朕剌且虢季㝬（宪）公幽叔、朕皇考德叔大𪡷钟"句，可见㝬为作器者，是虢国的一支氏族，这里的㝬（宪）是以前出土的望簋和师望鼎铭中"望"的父亲，而师㝬钟铭中的㝬也是师职，当是继承"望"的职务，望和㝬为父子关系无疑。共王在位共二十年，"望"任师职在共王十三年之后，故知师㝬钟的确切年代应在共王之后，懿王初期。

同窖出土的二簋，一件有铭文七行，七十二字。通体饰瓦纹，兽纽环耳，这是共王时的纹饰特征之一。簋盖二件，也有铭文各五十一字，内容相同，铭文有"世子子孙孙虞宝用"句，

图四　岐山董家村出土的西周青铜壶

是西周共、懿王之世的流行语[8]。

1975 年 2 月，在岐山县京当乡的董家村农民在平整土地时发现一处窖藏铜器，共三十七件，计有鼎十三、簋十四、壶二、鬲二、盘一、盉一、匜一、盨一、豆二。这批铜器有三十件有铭文，有的铭文长达二百多字。其制作时代，几乎遍及从穆王到宣王时期的各个王世，几乎每个王世都有。其中卫簋、卫盉、卫鼎、此鼎、此簋和公臣簋等，从铭文内容分别可以肯定作于穆王、共王、厉王和宣王时期。有的铭文还记载了周王名号和纪年，而且铭中人物与过去传世的铜器中的重要人物有密切的联系。这就为西周中晚期的断代标准器增添了一批实物见证，为研究西周中晚期的青铜艺术补充了新资料（图四）。

这批铜器的铭文内容十分丰富，反映了西周中晚期的政治、经济、法律、土地制度、阶级关系等一系列重大问题。如卫盉铭文记载了共王三年三月，裘卫用值贝八十朋的瑾璋，向矩伯换取土地十田（一千亩）。裘卫用值贝二十朋的两件赤琥、两件麂韨、一件贲鞈，向矩伯换回田三田（三百亩）。裘卫把此事报告给伯邑父、荣伯、定伯、琼伯、单伯等执政大臣，这些大臣命令三有司会同矩伯和裘卫授田。卫鼎（甲）的铭文记载了共王五年正月，裘卫和邦君厉交易土地的情况。主要内容是裘卫为了在昭太室东北营治二川，用自己的土地五田（五百亩）交换厉的土地四田（四百亩）。裘卫把此事报告了邢伯、伯邑父、定伯、琼伯、伯俗父等大臣，这些大臣向厉问讯，厉亦表示同意，并起了誓。这些大臣便命令三有司及内史友带领人去勘定田地疆界，办理交付手续。卫鼎（乙）铭文记载了共王九年正月，矩在裘卫处取一辆省车和车马器具，裘卫赠给矩的妻子十二丈帛，矩答应把林䣢里给予裘卫。但这

图五　扶风齐家村出土的西周青铜盂

块地上的树林是矩的下属颜家族的，裘卫又给颜陈夫妇及颜有司寿商送礼，于是做成了这笔交易。矩和溓命令寿商和意踏查并交给裘卫林吾里，封定了疆界。事后裘卫给参与此事的人送了礼。所有这些田地和林地交易的史实，说明当时的土地并不是"田里不鬻"的时代了，土地可以与实物交换，树木林地可以互易主人。"普天之下，莫非王土"的奴隶占有制开始向封建土地关系转化。

　　朕匜铭文记载了牧牛和他的上级师朕打官司，牧牛违背先誓，输于诉讼，按照罪行应被鞭打一千，并处以墨刑。经过大

图六　宝鸡茹家庄出土的西周青铜象形尊

赦，改判为鞭打五百，罚交铜三百锊。铭文里的鞭刑、墨刑和赎刑，均与《尚书·舜典》记载的五刑相印证，是我国最早的一篇法律判决书，也是研究我国法律史的重要实物资料[9]。

从以上材料可见，在位于岐山之阳的岐邑之地是经常出土西周文物的重点地区。那里的青铜器窖藏更为丰富。文物分布密集区在扶风县的齐镇、齐家、陈家、任家、康家、刘家、强家、云塘和岐山县的京当、贺家、董家、王家嘴、礼村等村庄（图五）。

在距离岐邑较远的地区，如周原以西的宝鸡和以东的武功等县，也经常出土西周时期的青铜器等文物（图六、七）。其

图七　宝鸡茹家庄出土的西周青铜貘形尊

中著名的有宝鸡茹家庄、竹园沟、纸坊头等地，共清理发掘了西周墓葬二十七座，车马坑二座，马坑四座。出土文物总数达二千六百七十五件，八十九组。这些文物都是西周强国贵族所有，是研究西周时期方国史、民族关系史和西周政治、经济、文化艺术史的重要实物资料[10]（图八）。

　　宝鸡市博物馆在茹家庄东北冯家壕坡地上发掘了商周时期的车马坑后，1974—1975 年又发掘了二座西周墓葬和陪葬的车马坑，出土文物十分丰富，计陶器、铜器、原始瓷器及玉石饰器达一千五百多件。其中各类铜器九十多件，玉石饰件计一千三百多件，鹿（图九）、牛、虎、羊、蚕、兔、鱼、蝉、凤

图八　宝鸡茹家庄出土的西周青铜鼎

鸟等动物形象玉饰都很精美。这二座墓是西周中期偏早的墓，是研究西周中期奴隶制社会和礼制形成的好材料。

　　1974 年春天，在扶风县法门乡白家窑村附近的水库东岸，

图九　宝鸡茹家庄出土的西周玉鹿

发现了两件西周铜器，后经扶风县图博馆调查和试掘，在此砖瓦窑周围发掘了四座西周墓葬和一座马坑。这些墓虽盗挖严重，但仍出土了文物三百多件。其中，原始青瓷和壁画等引起了人们重视。

白家窑村四号墓出土的西周青瓷为我们研究我国瓷器的历史提供了新资料。墓内发现的壁画，说明至少在三千年前的周代，人们就已把人间的事物绘在墓壁四周，先用白色颜料涂抹在墓壁上，再绘成大小约略相同的菱形二方连续的带状。

铠甲是我国古代用于战士作战的防御防身物，扶风白家窑西周墓出土的牛角甲，在北吕的西周墓中也有出土。此外，西周墓中出土的铠甲也有用其他骨料制作的[11]。

2. 研究情况概述

在20世纪30年代，学术界对周文化的研究，特别是对周人居邠地望的探讨，讨论十分热烈，并持有两种不同的看法：一是陕西说，二是山西说。主张山西说者以钱穆为代表，他在1931年发表《周初地理考》一文，认为周民族的发祥地，由陕西迁到山西，由渭水迁到汾水，后迁到陕西。其理由是《隋图经》记山西闻喜有姜嫄墓古迹，从古文字音近原理考证豳与汾音近同义，释稷山为骀山，以骀为邠[12]。后来李玄伯在四十年代发表的专著《先秦史》一书中也都提出了同样的看法。此后徐中舒、陈梦家、王玉哲等也发表了与此相同的见解，都认为周人公刘居邠的地望在山西省的南部，即晋南的新绛、闻喜县一带。

与此相反的一说是陕西说，以齐思和为代表，他在1946年发表了《西周地理考》一文，明确提出公刘所居之豳在陕

西境内。他说："周民族之为渭水民族，自来无异说。"他还
对豳地为山西之说提出质疑。《诗·大雅·公刘》载："笃公
刘，于豳斯馆，涉渭为乱，取厉取锻。"他认为："夫公刘都
豳，而涉渭取锻，则豳地近渭，极为明显。若豳城在汾，则晋
地多山，胡为跋涉数百里之外，涉渭而不涉汾，以取厉、锻
乎？此其说之不成立者，一也。《隋图经》后世之书，所陈古
迹，乌足信据？以之证史，极为危险，其说之不能成立者，二
也。是以钱氏以汾释豳，盖求之音近；以稷山释骀，且举姜嫄
墓为证，则征之于古迹，似皆不足以成立。豳既不能在汾上，
则以骀为邰，亦不能成立，况骀地自以有骀而得名，然骀与
稷，从未有谓为一人者，安可牵合之为一人乎？其不足信者，
三也。姜嫄、后稷，显为部落图腾神话，其人且未必有，遑论
其墓？且陕西邠县亦有姜嫄墓，果孰为真墓乎？其说之不能成
立者，四也。"齐氏同时考证说："则豳之滨渭，断无可疑。"
并据许氏《说文解字》"邰，周太王国，在右扶风美阳"及豳
字下"美阳亭，即豳也，民俗以夜市，有豳山"，认为"豳在
渭上（即今武功县东北）最可信据"[13]。同时认为豳的地望
在陕西说者还有丁山、郭沫若、范文澜、翦伯赞、白寿彝等。
他们所指地望在今陕西的邠县、长武、旬邑等地。我们认为这
种说法理由更充分些。

周人从公刘到古公亶父共十世，都居住在邠地，这十世依
次为公刘、庆节、皇仆、差弗、毁瑜、公非、高圉、亚圉、公
权祖类、古公亶父，约有三百多年（按每代以三十年计算）。
周人在邠地发展农业生产、练兵练武，不断壮大，甚至引起东
方殷商的重视和不安，使他们几度用武力胁迫周人。武丁时期
的殷墟甲骨文中，常有"扑周"、"哉周"、"令周侯"等的记

载。殷人于周独屡言寇，是征周人文化比它国较高，有宝物或货财可供寇掠也[14]。

20世纪30年代，罗振玉所著《贞松堂集古遗文》、《三代吉金文存》和郭沫若所著《殷周青铜器铭文研究》、《两周金文辞大系》、《金文丛考》、《两周金文辞大系图录考释》出版。40年代容庚所著《西清彝器拾遗》和《商周彝器通考》出版。这些著作中有不少都收集了周原地区出土的青铜器，并对其进行了研究。其中，郭沫若用历史唯物主义辩证法的理论去研究考释出土的金文内容，剖析我国商周时期的社会性质，有力地论证了我国奴隶制社会的存在依据。

1953年10月，陕西省文管会在岐山京当乡和扶风县的调查中发现了不少西周时期的遗址。1954年春，中国社会科学院考古所和西北文物清理队对宝鸡的李家崖、西安的白家口、长安的郭家滩三地进行考古发掘，在李家崖发掘了十座战国墓。1955年12月至1956年2月，陕西省文管会配合国营沣桥砖厂的基建工程，进行了以沣镐西周遗址为主要对象的文物清理工作，发掘面积437平方米，清理发掘了不少西周遗址、灰坑和墓葬，出土文物达四百二十六件。1956年在灰土层中出土了一件西周甲骨。这是我国第一次发现的西周甲骨文，同时还不断出土西周铜器。

20世纪50年代西周考古成就最为突出的是从1955年至1957年发掘的沣河以西的客省庄、冯村、斗门镇等四个点，此外还有1956年至1957年发掘的张家坡村东五个地点的西周遗址。通过对这九个点的发掘，主要收获除首次发现了客省庄二期文化，即陕西龙山文化外，还发现了叠压在该文化层上的西周时期居住遗址、四座车马坑、一百八十二座西周墓葬以及七十一座东周墓葬。

通过这次发掘表明，西周早期的房屋是挖在地面以下的土窑式房屋，而西周晚期的居民住房为圆形的半土窑式。四座车马坑的形制和结构不尽相同，有的一车二马，有的三车八马，都有殉葬驭人。

通过对一百八十二座西周墓葬的发掘，我们比较系统地弄清了西周早晚期墓葬的形制、结构、葬式、葬具和随葬品（殉人）等一系列问题。其形制一般为土坑竖穴墓，口小底大，棺椁安放在墓室的正中，四周有二层台，有的挖有殉狗的腰坑。葬具为木质棺椁，也有用席子和瓦罐作葬具的。有的棺椁齐全，有的只有棺而无椁。葬式有仰身和俯身直肢二种。死者有的口含玉贝。有的墓内放有猪、牛、羊等祭食，大多放在墓主人头部的二层台上。其中有九座墓殉有奴隶，多者四人，也有二人或一人的。

出土器物也较丰富，种类较全，其中兵器和工具共三十七件，生活用具陶器、铜器四百一十二件。陶器的种类有鬲、鼎、簋、盉、豆、碗、盘、罐、壶、瓿等十余种。铜器只有四件。另外还出土了许多动物形象的玉、石雕刻的各种装饰器[15]。

1955 年，在长安沣西张家村附近开了十四条探沟，清理西周灰坑十四个，西周墓葬四座，出土了西周甲骨十三件，并有二件卜骨上刻有数字卦画四组[16]。

20 世纪 60 年代初，考古工作者继续对沣镐遗址进行调查和试掘，加深了对西周房屋和墓葬结构以及西周陶窑的认识，明确了遗址的范围和汉昆明池的关系，证明遗址位于昆明池北[17]。

1960 年在扶风、岐山两县先后调查发掘了二十九座西周墓葬，出土了百余件文物，其中白家村北窑六座，齐家村十二座，齐家村东壕十一座。同时在扶风县召陈村和白家村发现了西周时期的板瓦、筒瓦。在齐家村东壕还采集到一块钻、凿、灼痕迹明显的西周卜骨。并了解到在岐山县的张家、贺家、李家和扶风县的齐家、刘家、强家、齐镇、白家、任家、任里、陈家、康家等村分布有西周的遗址和墓葬[18]。

1963 年 4—12 月，陕西省考古研究所在岐山贺家村西北的土壕内发掘了西周墓葬五十四座，车马坑一座，出土了不少早周的陶器[19]。

（二）1976—1983 年周原考古
发现与研究

1. 考古发现概述

1976 年后，陕西周原地区的考古调查、发掘工作得到了发展，直 20 世纪 80 年代，在这短短十多年内，取得了创历史纪录的新成就，引起了国内外学术界的高度重视。

1976 年在宝鸡市益门乡竹园沟清理发掘了十八座西周墓葬和车马坑，出土青铜器、玉器、陶器达千余件（图一〇）。特别是强伯青铜器的发现，对研究强伯世系、强国地望及强国和周围文化的关系有重要意义，对研究周文化和蜀文化、甘肃古文化关系也提供了极其重要的资料。

图一〇　宝鸡竹园沟出土的西周青铜卣

图一一 扶风庄白村出土的西周青铜匜

　　1976 年元月，扶风县黄堆乡云塘村发现一处西周青铜器窖藏。有勺二、壶盖一、盨五、盨盖一。各器均有铭文，其中伯公父勺二件，铭文连续，每器铭文三行，共二十八字。伯公父盨盖有铭文二行，十三字。另有伯多父盨四件。

　　这个时期的西周遗址和墓葬的发掘，其规模和成果最大者应首推周原中心所在的岐山县京当乡和扶风县法门、黄堆乡的诸遗址、墓葬和窖穴。在这里分布着大量的西周建筑、墓葬、制铜作坊和制骨作坊遗址，并有大批的窖穴分布。1976 年至1983 年，考古工作者们探明了早周都城的地望、范围，发掘

了两处西周早期和中期的宫室（宗庙）建筑基址，试掘了扶
风县黄堆乡云塘村西周制骨作坊遗址，同时发掘了扶风县法门
乡、庄白村及岐山县京当乡贺家村西周墓葬一百多座，发掘清
理了庄白村、云塘村、凤雏村等多处西周青铜器窖藏（图一
一），出土了数以万计的西周时期文物。特别是规模宏大、布
局完整的廊院式西周建筑基址的面世，以及一万七千多片西周
甲骨以及一百五十多件西周珍贵青铜器的出土，引起了国内外
学术界的高度重视与关注，又一次掀起了研究周文化的热
潮[20]。

2. 研究情况概述

大批文物的出土，为深入探索周文化的渊源以及它和周边
文化的关系提供了丰富的资料，所以在这一历史阶段的讨论
中，周文化的热点就集中在这两方面。

1979 年邹衡最早发表了《论先周文化》一文，他提出：
"先周文化是指武王克商以前周人的早期文化。"也有同志把
先周文化称作早周文化，徐锡台在 1979 年曾经提出过这一看
法，但不管先周文化还是早周文化，提法虽异，而所指时代均
指武王克商以前的周人的早期文化。邹衡认为先周文化的形成
是由多种文化因素相互融合的过程。这些文化因素的主要组成
部分有三：第一，来自以殷墟为代表的商文化；第二，从光社
文化中分化出来的姬周文化；第三，来自辛店、寺洼文化的姜
炎文化。就其人群而言主要包括三大集团：第一，来自东北方
的姬周集团。其中主要包括天族和矢族。另外八族、来族似亦
应属于此集团。在此集团中又以天族中的黄帝（即天鼋氏）
为主体。第二，来自西方的羌姜集团，现在还只发现一个族，
即冈族，它可能属于文献上说的炎帝族。第三，其他居民集

团，这个集团比较复杂，有原住居民，也有外来户。其中可能包括夏族的遗民，最著名的代表就是戈族，它可能就是夏的后代戈氏（《史记·夏本纪》）。也有来自商王朝领域之内的各族，先秦的祖先嬴族即其代表。还有其他各小族，不备举[21]。

胡谦盈根据他多年在陕西长武关中西安等地实地调查和考古发掘资料，认为陕西出土的先周文物可分为三期：一期以长武县碾子坡早期遗存为代表，其年代大约与殷墟二期相当，约为公元前1200年前后；二期以长武碾子坡晚期墓葬、岐邑刘家村先周墓葬和长武下孟村周遗址为代表，其年代与殷墟三期相当，约为公元前12世纪后期周人迁岐前后；三期以丰邑和凤翔西村、宝鸡斗鸡台沟东区墓葬为代表，其年代属于文王、武王灭殷时期，约为公元前11世纪前期。据此他认为："泾河上游流域是周人迁岐以前的一个居住和活动地区；在岐、丰两地区发现的先周文化遗存，其年代分别与古代文献记载岐、丰两都的年代是相一致的。也就是说，从考古学的角度研究——即根据先周文化的分布状况加以考察，目前已知的周人最早的居住和活动地区，是在泾河上游流域；到周先王古公亶父时期，周族的势力往南扩展到达关中地区的西半部，并且定都于岐邑，即今日岐山和扶风两县接壤地带——凤雏村、贺家村和刘家村一带；到周文王时代，周人的势力又有进一步的发展和扩大，自岐下徙都于丰邑——即关中地区中部的沣河沿岸。"泾河上游地区在我国古代是戎狄族盘踞之地。这现从考古材料方面也已经得到验证。例如属于薰育戎狄的文化遗迹——寺洼文化遗址和墓葬在泾河上游地区就有分布和发现。而姬周族乃是属于戎狄族群体中的一个分支[22]。他认为，传说和史籍中关于周人"都邠"、"都程"的说法都是误会，是后人附会所致。他认为关中地区武功县郑家坡高家村和周原刘家村发掘的遗址和墓葬，都是一种考古学文化的一个侧面资料。所以发掘者把两地发现断为两种完全不同文化的典型遗存资料的做法，无疑是片面和十分勉强的，也是不准确的[23]。

徐锡台认为："早周文化可能是从客省庄二期文化的基础上接受了一些刘家文化的因素而发展起来的，换言之早周文化是起源于客省庄二期文化，在它发展的后期，受了殷商文化的影响而形成西周时期的社会经济形态。"[24]

卢连成提出先周文化的祖源是齐家文化。他认为："甘、青地区的辛店文化和寺洼文化有可能是先周文化形成的重要源流之一，而齐家文化则有可能是辛店文化、寺洼文化乃至先周文化的祖源。"[25]

黄怀信将出土文物年代测定和文献记载的时代进行对比研究，对上述观点提出疑义。他认为先周文化既源于陕西，也源于山西，不过时间先后不同而已。先周文化的源头即应在龙山文化之中，从这一点说，徐、卢等人之说尚属不误。也就是说先周文化源头是陕西龙山文化。他认为从不窋始，"自窜于戎狄之间"时，"太原一带就是戎狄之地，也就是所谓的光社文化地区，周人大概在这一地区游动一个时期后，便渡河而西，到达陕北，开始经营于北豳（今庆阳）一带。到了公刘，便迁居于豳（旬邑）。古公亶父为了避薰育戎狄之害，又去豳逾梁山（岐山东北）而至于岐，并在周原发展起来"[26]。

综上所述，从文物考古资料探索先周文化及其渊源，在学术界和考古界做了大量工作，提出了不少值得深究的思路，扩大了研究领域。但是从目前争论的事实看，各种说法都有一定的依据，但也存在一定的缺漏。要弥补这些缺漏，求得统一的共识，还有待学术界进一步深入细致地工作。在甘肃庆阳、陕西武功、邠县、旬邑、长武等地仍需广泛深入地进行考古发掘，特别需要沿着周人几次迁移的路线，来寻找先周文化的真正源头。

另一方面，我们还应充分利用先进的现代科学手段，如物理、化学、天文、环境学等，对已出土的先周文化进行分类分段的测试，结合器物类型演变，求取准确的年代及其与诸文化的关系，然后再结合文献资料的研究取得一个科学的共识。从目前已出土的文物资料，结合前人研究的成果看，先周文化的根据地应在陕西泾渭流域一带。其源头当从陕西龙山文化中去寻求。

（三）1984—1999 年周原考古发现与研究

1. 考古发现概述

这个时期在陕西地区的西周考古发掘工作可分为两部分，一是在周原范围内的小型清理和九十年代后期的大规模发掘，二是在关中西安附近的发掘工作。

1991 年 7—8 月，陕西省考古研究所泾阳考古队在 80 年代调查的基础上，继续对泾阳县高家堡的五座西周早期墓葬进行发掘，出土青铜器四十九件，其中炊器罐四件，圆鼎、方鼎、鬲共十三件，食器方、圆簋六件，酒器尊、盉、卣、觚、爵共二十二件，水器盘、罍共四件。有二十六件铸有铭文，属古戈国器。此外还出土了陶器、玉器等文物。这批文物的出土为研究商末周初戈国的地望和戈国与其他有关氏族的关系，以及戈族与商、周的关系提供了重要实物资料[27]。

1999 年周原考古队在周原的云塘、刘家等地进行了规模较大的发掘，揭露面积近 6000 平方米，出土青铜器、陶器、玉石器、骨器、漆木器、蚌器等数千件。这是继 1976 年后的又一次大规模的发掘，目前仍在继续工作。从已发掘的情况看，这次发掘，一处在扶风县黄堆乡的云塘村西南，揭露面积 2400 平方米，是西周时期建筑基址分布区；另一处在该乡的齐家村东，揭露面积 3600 平方米，清理了西周时期的墓葬九十六座，灰坑一百四十个，小型房屋基址三座，道路遗迹一条[28]。

2. 研究情况概述

1999 年在周原云塘和刘家村发掘的二处遗迹，对研究西周的建筑性质和先周文化补充了新材料。

位于云塘村西南的大型西周建筑基址群，平面是"凹"字形，东西长 23.43 米，南北宽 13.1 至 16.5 米，现存基址高 0.7 米，周边呈二级台阶状，面南的凹入部分有对称的门阶两处，每处现存台阶三级。阶前都有小河卵石铺成石子路，路宽 1.2 米，长近 14 米。两路南端相连，平面呈现"U"形。路面河卵石拼成等腰三角形或弧边三角形图案。基座东西侧中部亦有相对称的门阶各一处，现存台阶均为三级。基座四周有用小河卵石铺设的散水，宽 0.6 米，其东、西、北三边的图案为交错三角形，南边为菱形。台基上有柱础坑三十七个，南北向七排，每排四至六个，坑径 1 米左右，间距 3 米左右。

在 1 号房台基南约 15 米处为另一座建筑的瓦砾堆积，有板瓦和筒瓦，形制大小不一，纹饰多样。在 1 号北部 10 米处有一条东西向的壕沟。这是周原遗址继凤雏和召陈两处大型建筑基址之后，又一处大型建筑基址，基址保存之完好，散水之完整尤为少见，特别是图案精美的石子路更是前所未见。这处建筑基址的发掘不仅为研究西周时期的建筑提供了不可多得的新资料，而且对探讨西周时期的礼制及周原地区贵族聚居点的分布亦具有重要意义[29]。

从对齐家平民住房和墓葬、灰坑的发掘中得出重要结论：齐家发掘区的文化堆积厚，层位关系复杂，加之丰富的出土遗物，为建立周原地区西周考古学文化编年提供了可靠的保证，周原地区西周时期详细的年代标尺的建立，对把握整个周原遗址的时空框架及聚落关系有着至为关键的作用，同时也可为深入探讨先周文化提供更直接的依据，并有助于探讨宗周文化与周时期其他考古学文化的关系[30]。

注　释

[1] 苏秉琦《苏秉琦考古学论述选集》第10—11页，文物出版社1984年版。

[2] 苏秉琦《苏秉琦考古学论述选集》第11—16、153页，文物出版社1984年版。

[3] 陕西省文物管理委员会《陕西扶风、岐山周代遗址和墓葬调查发掘报告》，《考古》1963年第12期。

[4] 史言《扶风庄白大队出土的一批西周铜器》，《文物》1972年第6期。

[5] 徐锡台《岐山贺家村周墓发掘简报》，《考古与文物》1980年第1期。

[6] 长水《岐山贺家村出土的西周铜器》，《文物》1972年第6期。

[7] 周文《新出土的几件西周铜器》，《文物》1972年第7期。

[8] 吴镇烽、雒忠如《陕西省扶风县强家村出土的西周铜器》，《文物》1975年第8期。

[9] 岐山县文化馆、陕西省文管会等《陕西省岐山董家村西周青铜器窖穴发掘简报》，《文物》1976年第5期。

[10] 卢连成、胡智生《宝鸡强国墓地》，文物出版社1988年版。

[11] 罗西章《陕西扶风杨家堡西周墓清理简报》，《考古与文物》1980年第2

期。

[12] 钱穆《周初地理考》,《燕京学报》第 10 期(1931 年)。

[13] 齐思和《西周地理考》,《燕京学报》第 30 期(1946 年)。

[14] 郭沫若《卜辞通纂》第 162 页,科学出版社 1983 年版。

[15] 中国科学院考古研究所编《沣西发掘报告》,文物出版社 1953 年版。

[16] 陕西省文物管理委员会《陕西长安沣西张家坡西周遗址的发掘》,《考古》
     1964 年第 9 期;唐兰《在甲骨金文中所见的一种已经遗失的中国古代文
     字》,《考古学报》1957 年第 2 期。

[17] 中国科学院考古研究所沣西发掘队《1960 年秋陕西长安张家坡发掘简报》,
     《考古》1962 年第 1 期;中国科学院考古研究所丰镐考古队《1961—1962
     年陕西长安沣东试掘简报》,《考古》1963 年第 8 期。

[18] 同[3]。

[19] 同[5]。

[20] 陈全方《当代陕西文博》第 85—90 页,三秦出版社 1990 年版。

[21] 邹衡《夏商周考古学论文集》第 353 页,文物出版社 1980 年版。

[22] 胡谦盈《浅谈先周文化分布与传说中的周都——姬周民族起源探索之二》,
     《华夏文明》第 2 集,北京大学出版社 1990 年版。

[23] 胡谦盈《南邻碾子坡先周文化居住址和墓葬发掘的学术意义》,《周秦文化
     研究》,陕西人民出版社 1998 年版。

[24] 徐锡台《早周文化的特点及其渊源的探索》,《文物》1979 年第 10 期。

[25] 卢连成《扶风刘家先周墓地剖析——论先周文化》,《考古与文物》1981 年
     第 2 期。

[26] 黄怀信《先周族及其文化渊源与流转》(摘要),《周文化论集》第 60—61
     页,三秦出版社 1993 年版。

[27] 陕西省考古研究所编《高家堡戈国墓》,三秦出版社 1995 年版。

[28] 周原考古队《周原考古获重大发现》,《中国文物报》1999 年 12 月 26 日。

[29] 同[28]。

[30] 同[28]。

三　周原遗迹的考古发现与研究

（一）周原建筑基址的考古发现与研究

1. 岐山凤雏村西周建筑基址的发掘与研究

（1）岐山凤雏村西周建筑基址的发现与发掘

岐山凤雏村宫室（宗庙）建筑基址在发掘选点时虽然被暂定为西周时期的遗址，但最初因为对断代起决定作用的实物还有待发掘出土，所以尚无充分把握。加之古文献记载这里在西周之后曾不断被改建，这里也有可能是西周之后的遗址。《史记·秦本纪》又有这么一段记载，即在西周末年周平王东迁洛邑时说："西戎犬戎与申侯伐周，杀幽王郦山下，而秦襄公将兵救周，战甚力，有功。周避犬戎难，东徙雒邑，襄公以兵送周平王。平王封襄公为诸侯，赐之岐以西之地。曰：'戎无道，侵夺我岐、丰之地，秦能攻逐戎，即有其地。'与誓，封爵之。"又说："'昔周邑我先秦嬴于此，后卒获为诸侯。'乃卜居之，占曰吉，即营邑之。"经过一个多月的工作，在遗址的西侧即西厢房内的文化层中露出了西周早期的陶鬲，高领、锤足，学者们一致认为这是西周早期的器物。不久又出土了被烧毁的木炭灰迹，经北京大学碳十四鉴定属三千年前的木炭。这样一来此建筑属西周时期就确凿无疑了。

经过四年多的艰苦劳动，考古工作者们终于全部发掘清理了该座建筑群甲组建筑和其西侧乙组建筑基址（图一二、一三）。

图一二 岐山凤雏村西周甲组宫殿基址发掘探方外景

图一三 岐山凤雏村西周甲组宫殿基址清理发掘布方现场

甲组建筑的平面布局为：房基南北长 45.2、东西宽 32.5
米，总面积 1469 平方米。坐北朝南，偏西北 10 度。以门道、
前堂和过廊为中轴线，东西两侧配置门房、厢房等，左右对
称，布局严谨，整齐有序（图一四）。

影壁位于门前 4 米处，与门道等居中轴线上。东西长 4.8
米，壁厚 1.2 米。在残基壁面的南北两侧，抹有由细沙、黄土
和白灰搅拌的"三合土"墙皮。在影壁的东端有南北排列的
柱础石二块，西端有木炭痕迹。这说明影壁有护顶覆盖。

在东、西门房和厢房及南侧台基下分布有七个擎檐柱洞。
洞内有红烧土块，底有灰土。在东、西门房和厢房台基相连接
的交角处各有一个台阶，呈对称分布，通过这二个台阶可以进
入东、西门房和东、西厢房。台阶呈斜坡状，长 1.2、宽 1.4
米（图一五）。

门厅由正门和东、西门房三部分组成。正门居中，门道南
北长 6、宽 3 米。门道中间地面稍高，二头为缓坡，这种作法
与防水有关。基地面也用"三合土"涂抹，坚硬光滑。门坎
在门道中间偏北。在门道东西两侧各有南北排列、东西对称的
柱洞、础石各四个。在东列南端的一个柱洞内还残存木炭灰，
深约 0.5 米。

东门房台基，东西长 8、南北宽 6 米，高出南壁檐坡地面
0.48 米，高出中院南边地面 0.6 米。房内原地面已被破坏，
共有柱洞、础石十一个。西门房，其台基大小，高度与东门房
相同。也有柱洞、础石十一个，有的柱洞底无础石，有的础石
已露出地面，分布较有规律。以北边一排为例，距台基边沿
0.5 米，其间距自东向西分别为 2.7、2、2.3 米。从残迹看，
两侧有房各三间。《尔雅》曰："门侧之堂谓之塾。"这里的门

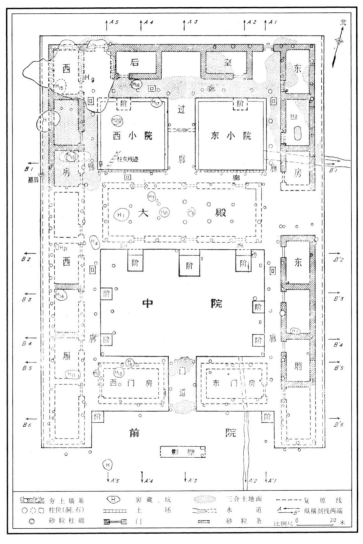

图一四 岐山凤雏村西周甲组宫殿基址平面图

图一五　岐山凤雏村西周甲组宫殿基址西门房和西厢房台基

房与此记载相合。西门房有窖穴二个。

中院是一个东西宽 18.5、南北长 12 米，面积 212 平方米的大院子。整个院子四周高，中间低，并向东南倾斜，以利于排水。院子周围低于房屋台基 0.61 米，中间最低处低于台基 1 米。在四周接近房屋台基处均有檐坡，坡面抹有灰浆。四周有擎檐柱洞十二个。属东厢房走廊的有四个，分长方形和方形二种，底有础石和小石块，深度不一，有的已露出地面，间距由南往北为 3.85、3.8、3.85 米。属西厢房走廊的前檐柱洞共六个，其中二个紧靠走廊台基，其余四个均距走廊台基边沿 1.3 米左右，全是圆形，间距为 1.8—3.2 米之间。

堂前的檐柱柱洞只清理出四个，也分长方形和圆形二种，在中阶两侧与前堂台基交角处有一个柱洞，底无础石，在东阶东侧有一堆较平整的铺石，疑是立柱用石。

院子东西两边各有台阶二个，其大小相同，残长1.2、宽1.3米，东侧两阶相距2.5米，西边两阶相距2.9米。在阶面和两侧残存有灰浆面，约三层。

院子北面有三个大台阶，均为斜坡形，在阶面和两侧涂有灰浆面，中间一台阶的饰面保留最好。三阶大小不一，中阶最大，长2.1、宽2.2米。东阶长1.9、宽1.9米。西阶长1.8、宽1.9米，东阶距中阶4米，中阶距西阶4.4米。中阶偏离中轴线往东约1米，东、西二阶也相应往东偏离。这当与前堂偶数开间有关。

前堂是主体建筑，其台基最高，约比周围房屋台基高出0.3—0.4米。其柱洞排列整齐，东西四行，南北七列，共三十二个。础石也较大，面较平，亦为自然石块，东西间距为3米左右，南北柱距各为2米。通面宽17.5米，共六间，进深6米。总平面105平方米。四周外檐大部被破坏。由东向西的第一、三、五室正对台阶。在后檐墙中多三个柱洞，似与置门有关。

堂的前廊有擎檐柱，廊宽1.1米，后檐廊宽1.2米。在台基的东北角和西北角的柱洞内各有一个础石。紧靠西北角的柱洞的础石呈椭圆形，并有一条倒向西小院的木柱灰痕迹，残长2.35、残宽0.15米，当是立柱的残迹。

台基北壁用土坯砌成，上涂"三合土"，用以加固保护墙体，也说明此墙是土坯墙。

前堂的西半部有四个窖穴，出土鸡骨、猪骨和残陶片等。

东、西小院低于周围房屋台阶 0.59—0.61 米，略呈正方形，长 7.8、宽 8.1 米。过廊位于东、西小院中间，在过廊的两侧各有柱洞三个，间距为 3.8 米。过廊全长 7.85、宽 5 米。两小院内堆积着很厚的红烧土块，经清理，两小院地面四周略高，有一定的坡度，整个地面略向东南倾斜。在东小院北侧偏东、西小院北侧偏西各有一个台阶，通向后室。西小院有窖穴二个。

后室呈东西排列，面南，共五间。面宽 23、进深 3.1 米，带有走廊，廊宽 1.5、长 20.5 米，共有柱洞八个，柱距在 2.3—2.7 米之间，地面为"三合土"，保存完整。在走廊西端有窖穴一个。后室的后檐墙和东、西厢房的北墙连为一体，厚 0.75 米，墙外台檐宽约 1 米，东西长 23.5 米，也用"三合土"抹面。后室的前檐墙和隔断墙厚 0.58 米。后墙较厚，说明当时人们已懂得和风雨作斗争的知识。后室自东向西数，共五间，各室情况如下：第一室，面宽 3.8 米，无前檐墙，在后檐墙偏西有后门，门坎槽长 1.1、宽 0.2、深 0.1米。门外地面有土坯横置。第二室，面宽 5.2 米，后檐墙有夹壁砂粒柱基三个，用碎石子和白灰做成，径 0.25 米，西墙残高 0.15 米。前檐墙偏东有门，门宽 1.1 米。室内地面为灰浆面。第三室，面宽 5.2 米，前檐无墙，后檐墙有砂粒柱础一个。室内地面较平整，亦为灰浆面。第四室，面宽 5.2 米，从残迹看，在前檐墙偏西有门，门宽 1.1 米。室内堆积大量的红烧土。第五室，由于塌陷，室内地面不清。在后檐墙偏东有门的残迹。

东、西厢房，南北排列，左右对称，东西各八间。前檐均有走廊，其台基和东西门房、后室的台基大体在一个水平面上。

东厢房，通长43.4、进深3.2米，由南往北数，共八间，除第五间西墙和第八间北墙较厚外，其余各墙厚约0.58米，全是夯土墙。前廊宽1.5米，有廊柱柱洞九个，间距均为2.5米，各室大小不一。第一间最大，面宽6.4米。南墙有柱洞三个，西墙有扰乱础石四块。第二间，面宽5.2米，有八个柱洞，其中砂粒柱洞四个。第三间，面宽5.4米，室内西南角有长方形火烧坑一个，坑长0.92、宽0.52、深0.5米，底部和四壁被火烤红。第四间面宽5.2米，室内东南角有砂粒柱洞。第五间，面宽5.8米，西墙较厚为0.9米。第六间，面宽4.3米。第七间，面宽5.5米，"三合土"灰浆地面保存较好，室内南边有一块长1.4、宽0.5、厚0.15米的夯实砂粒地面，特别坚硬。在它的北边有一个长0.7、宽0.6、深0.4米的火烧坑，四壁被火烤红。西墙偏南有门，门宽1.1米。第八间，面宽5.4米，室内地面除中部不清楚外，其余部分均为"三合土"灰浆面。门也开在西墙偏南，门宽1.1米，其北墙与后室北墙相连，但较薄，厚0.6米。东厢房共有夹壁砂粒柱础十三个，并在东墙中有与墙厚一致的砂粒槽四条，每条宽0.15米。

西厢房与东厢房对称，也分八间，前带走廊，其通长、廊宽、廊柱、间距、各室大小，基本与东厢相同。西墙中有柱洞二十个，东墙有柱洞和扰乱础石二十二个。其第六间的室内地面和走廊地面保存较完整，全为"三合土"灰浆面，其西墙和隔墙的墙基，有明显的夯层，每层厚约0.08—0.16米，夯窝呈半圆状，窝径0.03米。墙残高0.15—0.2、厚0.58米，在墙的两壁面抹有厚0.01米的"三合土"墙皮，也有一条砂粒槽。第七间四周墙的残基高在 0.15—0.25 米之间，夯层薄厚不一，有 0.1、0.15 和 0.18 米三种。室内灰浆地面除极少数被窖穴 H8 破坏外，其余保存完好，厚在 0.02—0.03 米左右。距北墙 0.45 米处有二个径 0.15、中深 0.12 米的窝状洼坑，两坑相距 0.5 米。在东墙南段朝东开有门，门宽 1.1 米，门坎槽宽 0.7、深 0.07 米。坎槽西有与坎槽等长的木炭痕迹，可能是门楣被毁的木料灰痕，室内紧靠墙，距门 0.65 米处出土有西周早期的锤足鬲一个，还出土器盖和径长 10 厘米的大贝壳等文物，在门外走廊上出土有原始瓷罍一个。第八间大部下陷，只余片断墙基。在第二、三、六、八室内部有窖穴打破地面。其中第二室的 H11、H31 窖穴中出土了一万七千多片西周甲骨，其中的二百九十二片有文字。

在东门房台基下有一条南北走向的排水管道。它的南口西距门道 5.6 米，北口西距门道 5.04 米，把中院的水向南排出。该排水道的作法，是先在台基上挖一条宽 0.6、深 0.5 米的槽，在槽内放置互相套接的陶水管七节，全长 6 米（图一六）。水管表饰粗绳纹，水管一头大，一头小，长度不一，由北向南的第一、二、三节均长 0.9、大头口径 0.24、小头口径 0.15 米。第四节长 0.95、大头口径 0.28、小头口径 0.22 米。第五节长 0.91、大头口径 0.23、小头口径 0.14 米。第六、七节长 0.77、大头径 0.32、小头径 0.14 米，全将小口套在大口内，安放妥后，再填土夯实，与室内地面相平。第七节管出口以南的水道用河卵石砌成。《周礼·考工记》说："窦其崇三尺。"郑玄注："宫中水道。"这个水道似与此相合。

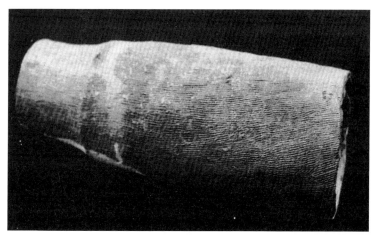

图一六　岐山凤雏村西周甲组宫殿基址出土的陶水管

在过廊的正中台基下设计了一条东西走向的水道，也是用河卵石砌筑而成，使东、西小院的水经过东厢第六室下部的排水道，排到东边南北走向的大壕沟内。

同时，在整座建筑群的东、西、北三面都设计有台檐，东边的檐宽1米，西边的檐宽0.8米，北侧的檐宽1—1.1米，在台檐外有0.12米宽的散水沟。所有台檐均缓缓向外倾斜，并用"三合土"涂抹。东厢房第四间的散水沟外，还设置了用瓦铺和石砌的水沟，以利于排水。同时，在甲组建筑基址的西侧，为12.25米的乙组西周建筑基址。该基址东西宽20、南北进深12.5米，面积250平方米。从残存的柱础看，南北五排，东西七列，也是六个开间，在第三间的南侧有宽1.75米的残台阶一个。每室面宽3、进深11米，由于破坏严重，地面已不复存在。

在该基址的南部还清理出土了不少西周时期的陶片、筒瓦

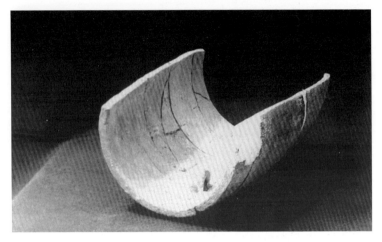

图一七　周原西周宫室遗址出土的筒瓦

和瓦片（图一七），其中带有柱形、菌头形瓦钉的瓦居多。

我们在发掘这座基址前曾考虑到左宗右社的布局，但不料只发现了这座与甲组前堂相似的房基，在其周围也未曾发现有其他迹象，连夯土台基也没有[1]。

（2）岐山凤雏村西周甲、乙建筑基址的研究

①年代问题

有关岐山凤雏村西周建筑基址的年代问题包括始建年代和被毁年代两部分。这组建筑群的始建年代，有可能在武王灭商以前。其使用年限，当延长到西周晚期。

从西周甲骨文有关内容和出土器物分析。西周甲骨文中有些甲文，属于文王时期。如 H11：112、H11：84、H11：136、H11：1 等都记载了周初祭祀问卜的情况，H11：112 云："彝文武宗贞……王翌日乙酉，其奉（拜）禹旗，……丙戌武（豐）……裂卯……左王。" H11：84 云："贞，其拜又（佑）

太酊（告）周方伯，盍（盍）惟足，不（佐）于受（纣），又（有）又（佑）。"H11：136 云："今秋王西克往密（密须国）。"这里前二片是记载周文王在宗庙祭祀殷王先祖的事，后一片是记载文王征伐密须国的事。《诗·皇矣》云："密人不恭，敢距大邦，侵阮徂共，王（文王）赫斯怒，爰整其旅，以按徂旅，以笃于周祜。"孔疏："王肃云：密须氏，姞姓之国也。"杜预云："密须，今安定密县。"书传云："文王受命元年，伐密须。"H11：3 云："衣（殷）王田至于帛，王获田。"这也是文王时期的甲骨文。另外 H11：15、H11：22、H11：45 分别记有"太保"、"毕公"、"虫（崇）白（伯）"等周初人物的卜辞。H31：2 云："唯衣（殷）鸡（箕）子来降，其执众，卣（厥）史。"这明显是周初的大事情[2]。以上这些足以说明该建筑年代的上限当在周文王时期。

从遗址中发掘出土的器物看，也富有明显的时代特征，有西周早、中、晚各期的器物，如 T6 出土的高领锤足鬲无疑是西周早期的类型。T33（3B）层出土的瓷豆和西厢房七室出土的瓷罍，也是西周早期的器物。这些都可以说明该建筑上限和下限的年代。

从建筑技术水平分析，仍停留在"茅茨土阶"阶段，刚刚开始使用陶瓦，反映出该建筑修建时代较早。整个屋顶以茅草覆盖为主，只是天沟部分使用瓦。

同时该建筑擎檐柱洞开挖的方法、特征，即口大底小的特点，也说明该建筑还带有一定的原始性，与偃师二里头、湖北黄陂盘龙城的商代早期、中期的作法相似。

该遗址的木炭灰，经北京大学化学测定为公元前 1095 ± 90 年，距今约 3000 多年，与上述推测相一致。

迄今为止，学术界对凤雏西周建筑基址的年代看法，基本同意以上意见，出入不大。杨鸿勋说："据《诗·小雅·斯干》推测，西周宫室擎檐柱发展为斜撑，从而向插栱转化的阶段约在西周晚期。看来甲组建筑水平略与殷晚期建筑相当。就承檐结构的发展来说，将甲组断为殷末的早周是合适的。"[3]

王恩田在其论文中也说："此片卜辞（H11：1）年代应属帝辛，似无疑问，因此，我们认为这组建筑的始建年代不迟于殷商末年。"此外他又提到，卜辞中的"征巢"、"伐蜀"说明都是周初发生的事件，因此可证这组建筑在周初早期仍然使用。遗址内出土木炭的碳十四年代测定的公元前 1095±95 年，亦与此相符[4]。

②性质问题

有关该建筑的性质，笔者在简报和有关著作中暂定为宗庙一类的建筑。笔者认为，凤雏甲组建筑基址，是由许多单体建筑组成的建筑群，是西周时大奴隶主贵族使用的。它与沣西张家坡西周早期的、平民居住的土窑式房屋迥然不同。笔者还谈及这组建筑物的用途。《尔雅·释宫》："室有东西厢曰庙，无东西厢有室曰寝。"《仪礼·士冠礼》："筮于庙门……筮与席所卦者，具馔于西塾。"这组建筑物有东、西厢房，每一排厢房又有室八间，在西厢房的第二室的窖穴 H11 中又出土了大批的甲骨，因此这组建筑应是作为宗庙来使用的[5]。

王恩田根据《简报》的平面图，将该建筑各个部分的定名和古文献记载相结合，把门外的前院定名为"大廷"，影壁定为"屏"，东西门房定名为"东塾"、"西塾"，中院定为"中廷"，前堂定为"太室"，东西小院定为"东廷"、"西廷"，中间三间后室定名为"寝"，东、西厢房的第一间房定为"阙"，出土甲骨文的厢房定为"龟室"，有后门的两间房子的门定名为"闱"。他把堂前的三个台阶由东向西分别定名为"阼阶"、"中阶"、"宾阶"，把中院通向东、西厢房的台阶定名为"侧阶"，把两厢房前的走廊定名为"庑"。他的这些定名都有充分的文献依据。同时他根据《尔雅·释宫》、《周礼·龟人》、《史记·龟策列传》等记载认为凤雏建筑群有东西厢的设置，其性质应属宗庙。另外他认为这座宗庙属于周王室所有的可能性很大。其理由是，按周代礼制规定只有天子和诸侯使用"台门"（指门建在台基之上），只有天子和诸侯才有权藏龟。从规模看，"凤雏建筑群与周天子之堂大体相符。《考工记·匠人》载'周人明堂，度九尺之筵，东西九筵'。古人席地而坐，因而以席度量室内面积。筵就是铺的席子，筵长九尺，东西九筵应为八十一尺，以周尺合今 22.5 厘米计算，共合 18.225 米，与凤雏堂的宽度比较接近"[6]。

　　杨鸿勋在《西周岐邑建筑遗址初步考察》一文中，把后室东边有门的一室定名为"北堂"，与东、西厢房相连的最北的三室定名为"夹"和"旁"。其他部位的定名和王恩田的意见大体一致。但对该建筑性质问题和属于谁所用的问题，有不同的看法，他认为，作为奴隶主奉祀祖先之用的庙，其布局与生人起居的建筑基本相同，从天子、诸侯宫廷到王室、贵族邸宅，也都是前堂（朝）后室（寝），又有厢房和闱的。由于对岐邑总平面关系还不了解，甲组遗址并未提供足以说明建筑性质的伴出器物，现在还难肯定它究竟是生活起居的宫室，还是奉祀祖先的宗庙抑或别的什么建筑。同时他从该建筑设有"屏"或"树"，认为："这组西周时期的建筑大概并非一般奴隶主所有，而应是属于王室、诸侯或采邑领主的。附近董家村出土的卫鼎，铭文中有裘卫与邦君厉为土地争讼的记载，或者这里的建筑为邦君厉一类地位的人所有，这一带历来出土的铜器还没有属于周天子的。据此可以判断，这些建筑并非周王宫室。"[7]

傅熹年则认为材料不够，判定其性质为时过早。他说，关于这座遗址性质的判断，由于西周建筑遗址较完整的只见凤雏以及待发表的召陈二组，近于孤例，史籍记载又颇多歧异，时代也未尽相合，看来还有待于进一步的考古发掘。希望在对岐邑的总平面布局、功能分区有所了解之后，再通过发掘遗址，积累一定资料，掌握一些规律，得出比较符合实际的结论[8]。

还有学者依据《礼记·王制》的记载，把凤雏建筑说成是士一级住的庙院。《礼记·王制》说："天子七庙，二昭三穆，与太祖之庙而七；诸侯五庙，一昭一穆，与太祖之庙而三；士一庙。"据唐兰的意见，"七庙"或"五庙"，指在一座大院里修五座或七座庙，凤雏基址只有一座，故应当是士[9]。

有的学者根据历年来出土的西周青铜器认为，周原地区没有出土过周王之器，故把凤雏基址说成是士大夫的宅院。并认为凤雏的炭灰测定年代数据偏老，"以窖穴中出土的某些卜甲的年代作为确定基址始建年代的依据显然是不妥当的"[10]。

另一种意见认为凤雏建筑是活人居住的宫室可能性大些。有些学者认为："凤雏宫殿究竟是庙寝还是朝寝，比较难定。按照李如圭释宫的说法，则庙在寝东，故《士冠礼》、《聘礼》都说，曲揖至庙门，《士丧礼》也说'君出门，庙中器'。可见'庙'和'寝'，虽同在宫内，而却不在南北一线上。因此，凤雏宫室，在未找到其他证据以前，还不能直接判断其为死人的宗庙，而为活人居住的宫室可能性似乎较大。"又说，今凤雏殿堂宽 17.6、北房、东房、西房宽 3.7—5 米，可见其堂宽正合士一级而房广则合诸侯，大夫一级[11]。

由于凤雏村乙组建筑破坏较大，但已清理的殿基刚好在甲组建筑之西，所以有的学者也据此判断为宗庙："已发掘的乙组前堂基址位于甲组前堂正西，规模比甲组前堂大，两侧前方没有房屋，正合庙在寝东的布局。这就增加了凤雏甲组是宗庙建筑的可信程度。"[12]

1992 年，我们总结以前的研究成果，对凤雏建筑的始建年代、级别、性质及其与殷商建筑的关系作了较全面系统的进一步论述，发表了《岐山凤雏西周宫室建筑的几个问题》一文。首先，根据凤雏基址中出土的陶鬲、原始瓷器的特点和原始建筑用瓦的演进变化关系，以及凤雏基址与二里头 F1 尸乡沟 D4、盘龙城 F1、郑州 C8G15 和 C8G16 擎檐柱的构作形式相比较的结果来看，凤雏西周建筑始建年代可能在周武王灭商以前。其次，从凤雏建筑使用台门、藏龟、旅树（屏）、建筑规模、建筑装饰五方面论证其应是西周王室的宫室建筑，属于天子级别使用规定的礼制建筑。第三，进一步从文献记载、龟室、金文中看出，直到西周中期周王仍去周（即岐邑）活动，如"王在周、格太庙"等记载。这说明直到西周中晚期周王还在周原的庙中进行活动，以此论证凤雏建筑的性质当是宗庙。第四，从建筑台基、网柱结构、木构框架、群体组合、中轴对称、前朝后寝、宽檐回廊七个方面，把凤雏建筑与已发掘的偃师二里头、湖北黄陂盘龙城、郑州商城、安阳殷墟等地的商代建筑进行比较研究，找出了它们之间存在的诸多相同结构与一脉相承的脉络关系[13]。

③关于营造技术与复原的研究

我国商周时期的房屋营造技术水平，在我国建筑史上的地位和作用是很重要的，无论从文献记载或近几十年来的考古发掘资料看，都已经具有相当水平。而凤雏西周初期的建筑可以作为承上启下的实物例证之一。我们认为，这是一组规模宏大的建筑群，在建造之前就有设计方案，在建造中是按照设计要求开展各项工序的，先要整治地面和基地，然后在整治好的基址上夯筑台基。台基的高度至少在1.3米以上。修建程序是，在夯筑成台基后，再挖去院子的土和门道的夯土，把院子和门道的边沿切齐，依次完成开沟排水、挖洞立柱、筑墙建屋的过程。因为中院的大台阶与前堂的台基有明显的分割线，门房和过廊底部的排水沟也是挖去夯土台基后安置排水管道的。

房屋的墙大部分是夯筑而成的。墙的厚度因各部位不同而不同，在受风雨多的一面显得厚些。

墙的夯打技术也有了进步，夯窝呈梅花形，显然是将五个夯锤捆扎在一起夯打形成的，这比单锤夯前进了一步。有的墙基内有与墙厚相等、宽0.15厘米的砂粒条。这是填实的两堵夯墙的合缝，应是版筑技术的进步。

墙面和地面都用"三合土"涂抹，在墙上先用耙子类的工具划刻条槽，然后抹上"三合土"以便固定。这也是泥匠技术的一种进步。

柱洞的作法，呈现出多种形式，有方形、长方形和圆形三种，大部底置柱础石，有的础石较大，平面向上。有的用若干小石块，或在较大的石块四周填塞小石块。有的用0.5—1厘米直径的碎石子搅拌白灰，作成砂粒柱础。这种柱础大多是夹壁柱，有的全夹在墙内，有的只夹 2/3。柱础一般较小，直径约 25 厘米，立柱较细。其排列也较密，间距 1.8—2 米。廊柱、檐柱和前堂的柱洞，有明柱和暗柱二种。这类柱洞间距在 1.8—3 米。柱径 30—50 厘米，柱洞的深浅也不一，最深的 1.3 米，一般在 30—60 厘米。

这组房子的屋顶用立柱和横梁组成构架后，在横梁上承檩，再列椽，构成屋顶骨架，然后用芦苇铺在椽上，上抹几层草秸泥，厚 7—8 厘米。在屋脊和天沟处用瓦覆盖。这种瓦是我国最早的瓦，有瓦钉和瓦环。

傅熹年对凤雏建筑各部分构造和外形，总结了技术上的几大特点。散水和排水系统比商代完备、复杂，有较大的进步。从墙的厚度看，似以版筑的可能性为大。至于墙中的砂粒条，宽达 15 厘米，不可能是版筑接缝，其功能待考。所用土坯是属 "水脱坯"，即草泥做成的土坯。遗址的全部台基、地面、墙面和屋顶等大量涂抹白灰，可能当时已经掌握了烧石灰的技术；屋顶用苇束代替椽子和望板的方式，是很古老的传统做法。复瓦用在脊上，仰瓦用在天沟上，每行隔几块加一有环的，环上系草绳，绑在脊檩或角梁上。凤雏甲组遗址所出玉饰、贝饰很有可能是建筑装饰（图一八）。如果是这样，建筑的主要梁柱等构件，就应是经过加工磨制的。那么对这时建筑的制作和装饰水平的估计还应再高一些。他绘制了平面复原图和断面复原图。这样，我们就可以在 1：100 平面图的基础上画出两种不同的复原图：其一是室、庑为单坡顶，堂为两坡悬山顶；其二是室、庑为两坡顶，堂为四阿顶。然后得到两种全景鸟瞰图（图一九）[14]。

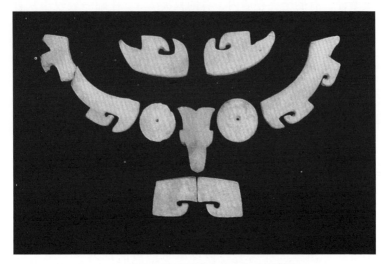

图一八　周原西周甲组建筑基址出土的装饰品

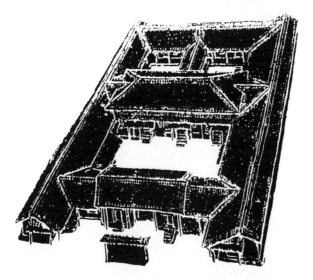

图一九　岐山凤雏村西周甲组建筑基址复原鸟瞰图

　　杨鸿勋在研究凤雏建筑的营造技术时，从建筑地基的加固、版筑墙、地面、屋架与屋面的作法等方面作了深入的研究。他认为"大夯土台构成整组建筑的底盘，即堂、室内房屋的台基是在此大台上夯筑起来的。并非挖去院子和门道的夯土而形成的……甲组版筑墙与藁城遗址不同，墙内立有木柱。其施工程序为先于墙基内立柱，然后版筑，则柱被打入墙内。……有的柱包藏在墙内，有的则紧靠模板，拆模后形成露于壁面的壁柱。墙内设木柱，显然是囿于传统木骨泥墙的概念，然而木骨泥墙由木骨（柱）承重，此处的版筑墙从墙内柱不排直线可知，屋盖荷载主要由版筑墙体承受"。"地面装饰所涂抹的砂土泥中，掺有少量的石灰质材料……从这组建筑所处的发展阶段估计，屋架应为大叉手——人字木结构，这可由遗址保存的屋面残迹得到证明"。"屋面为砂子灰抹面……用于天沟的瓦先扎结在苇束椽上，茅茨屋面再搭接在瓦面上"[15]。

2. 扶风召陈村西周中期宫室（宗庙）建筑基址的发掘与研究

　　（1）扶风召陈村西周中晚期宫室（宗庙）建筑基址的发现与发掘

　　我们把召陈村作为发掘点，认为该村村名与召公分封周地有关。该村北地势较高，堆积不少西周时期的砖砾残片等。在村西北的土壕内，发现有夯土和西周遗物，村北堆积很厚。

　　我们在堆积的乱砖堆处周围布方发掘。这里的堆积物十分复杂，有宋代的墓葬，有汉、唐的遗物，在2B层堆积中发现了与凤雏村相同的少量红烧土碎块和西周瓦片，到第三层发现了部分台基和红烧土堆积，尽管这些台基是局部的，但它是西周时期的遗迹。发掘至第五层时，由于破坏较多，整体布局不如岐山凤雏建筑那样整齐，但仍可推测一般状况。而有些建筑体现了时代的特征，与凤雏建筑有一脉相承的关系。在整个工区 6375 平方米的发掘范围内，发现了十五处西周时期的建筑基址，其中 T1 层建筑二处，已发掘的 F7、F9 属下层，时代较早，约在周初；上层建筑十三处，F1—F6、F8、F10—F15 都属上层，时代都为西周中期以后，其平面布局如下。

F7 东西柱础五排，间距 4—4.5 米，南北五排，间距 2.7—4 米。石础直径在 30 厘米左右。南北残存的四间，面宽 8.75 米。东西四间，进深 11.4 米。在 F7 以东 30 米处有一条大壕沟，长约 1000 多米，宽在 3—33 米之间。在 F7 西侧有一条南向的排水沟，通入大壕沟。F7 南有 2 米长的地下水道。在 F7 以南 20 米处是 F9，偏西 8 米。有一部分台基被 F8 压在下边，保存尚可，有的地方沙面厚 5 厘米，有用卵石筑的散水，宽 60—65 厘米。残长 9.6 米，南北柱础四排，夯土筑成，础径 65—80 厘米，东西四排，间距 2.5 米。

上层的属于西周时期的建筑，分为甲乙两区，甲区有十处，东西为三排，间距 8 米左右。甲区的 F5、F3 和 F2 是大型的建筑基址。乙区有 F12、F4、F14。

F1 和 F2 破坏较甚，只清理出了部分散水和少量柱础。原貌无法辨认。但部分散水保存较好。

F5 位于甲区中部，有七座房基。东西长 32、南北残存 7.56 米。有散水，宽 70 厘米。东北角有一台阶，东西长 5.6、南北宽 1.3 米。台阶夯筑而成，在其侧面抹有 2 厘米厚的细泥皮，西台沿中部有一台阶。在残存的台基上清出柱础二十个，擎檐柱洞十二个。东西二排，间距 4 米，南北三排，间距 3 米。中间部分南北保存二排，间距 4.5 米。其余部分被崖破坏。

F8 台基东西长约 22.5、南北宽约 10.4 米，四周的台沿宽 55、散水宽 50—55 厘米。柱础东西八排，南北四排。东西七间，总面宽约 20、进深 9 米。

F10 残存台基很少，东西残存柱础四排，南北二排，多数是夯土筑成，个别为石础。东西面宽 16、南北进深约 4 米，带西廊，并有一台阶。

F13 有东西柱础五排，南北残存二排，也分夯土和石础二种。东西面宽 9、进深约 3.5 米。

F6 东西柱础四排，南北三排，面宽 15、进深 4.5 米。

F11、F15 南北柱础都是二排，间距 2.5 米左右。东西柱础二排，间距 3 米左右。面宽 5、进深 3 米。

F3 保存较完整，规模也较大，夯土台基东西长 24、南北宽 15 米。室内柱础四十一个，分东、西和中间三部分。东西两端各有二排，间距 3 米。每排南北六个，间距 2.5—3 米。中间部分东西三排，间距 5.5 米，每排南北五个。加中柱左右和附加的柱础，F3 东西共七排，六间，面宽 2.2 米。南北五间，进深 13.5 米。F3 东西有一条墙基，分别通过东西的两个附加柱。东墙基残长 2、宽 0.8 米，西墙基残长 6、宽 0.8 米。台阶共九个，正面、背面各四个，东西二阶各长 6、宽 1.2 米，南边斜坡下中间有八字形大台阶一个，保存长 50、高 10 厘米的一段。

乙区的 F12 有柱础，东西三排，南北二排，都是夯土筑成。F4 和 F14 破坏过甚，F4 保存夯土台基南北长 11.5、东西宽 6 米，也有夯土柱础。F14 仅存一个夯土柱础[16]。

（2）扶风召陈西周建筑基址的研究

关于性质问题有三种意见：

第一种意见，认为 F5 可能是正寝性质的寝宫，为王听政、治事之所。F8 与 F2 为东寝与西寝，亦即以后的东宫与西宫。属于小寝性质的寝宫，是王居息、宴饮之所。F6 与 F10 或许就是所谓的翼室，也叫"昭室"、"左路寝"。F3 可能是"太室"[17]。

杨鸿勋持第二种意见，他认为："已揭露的部分遗存并不完整，未发现凤雏甲组那种四合院布局，但其规模则较凤雏甲组为大。从遗址所反映的建筑形制和工程做法来看，此处建筑无疑是当时的高级设置。历来这一带所出窖藏铜器也都不是周王宫廷之物，说明这些建筑也并非周王宫廷，其业主身份或与凤雏甲组相似……召陈这十二座西周中期遗址，废弃后的堆积无存，台基也损失大部，单体建筑的平面分隔情况不明。从伴出较多陶制炊、餐器具来看，这些似乎原是居住环境。相信以后的发掘将为进一步的研究提供更多的现象和材料。"[18]

第三种意见认为："至于遗址的性质，一时还颇难断定，看来需要随着发掘工作的进展，对较多的遗址综合研究，才比较有条件获得结论。"[19]

关于扶风召陈西周建筑遗址营造技术和复原的研究，讨论比较深入，傅熹年对西周中期以后主要建筑的构架特点作了细微而深入的探索。他研究出了各单体建筑的特点是，F8 的构架以纵架为主，其屋顶应是四阿顶。它的构架是在外檐四周二十根檐柱上搭外圈纵架，在内部十根金柱上的搭内圈纵架。F3 的柱网分布与 F8 相似，也分内外二圈，以二十二根外檐柱为外圈，以外檐柱以内的一圈十四根金柱为内圈。其主要梁架也是沿柱列方向架楣组成两圈纵架。F3 也应是四阿屋顶。而F3 的构架有两种可能性，"一种是单层四阿顶，一种是下层四阿上层圆形"。F5 的构架也是四阿顶。F6、F10、F3 的构架可能是在前后檐墙上架单坡斜梁，梁上再架檩铺苇笆，与凤雏的室和庑的做法相同。F13 也有可能是两坡顶。他还画出了 F3、F5、F8、F9、F10、F13 等基址的外观想象图。

对各建筑群的关系上，傅熹年认为不像凤雏清晰、整齐，"已无法考查是否有一条轴线"。东面 F12 在最后，它既不和 F3 对中，又不在 F5 与 F3 间夹道当中，如果说它是甲区通乙区的通道，门宽 1.2 米又太窄，那是单扇门，至多算角门的规模，对这些情况一时还难做出解释。也可能因为召陈遗址范围较大，沿用时间较长，而已揭出的面积较小，还需要更大范围内才能看出总平面布局和长期的演变[20]。至于召陈基址的原高推测不能超过 70—80 厘米。召陈三座大型建筑的柱础都是在夯土基上挖柱坑，另行夯筑柱下的磉墩。F3 柱墩直径 1.1、埋深 2.4 米左右，用卵石和土分层夯实。说明在当时困难的条件下，这样深的柱墩应当是由于建筑承重特别大，或性质特别重要，需要严格防止湿陷而采取的特殊措施。他说："召陈遗址中最能说明建筑技术水平的是 F3 遗址。尽管目前还不好确定它上层有圆顶，仅就四阿顶单层建筑而言，建造这座面积达 281 平方米的建筑物也是颇不简单的。"[21]

杨鸿勋把简报中称"柱础"的素夯土和夹石子的情况，对照文献记载确信为"磉"。这对柱基来说可以不被冻透，确保建筑无虞。简易的磉只是素土夯实，进而掺和砾石、瓦、骨料等，晚期更出现砖砌的磉墩。召陈所见只是在柱位重点处理而形成的磉，显然是一个很大的进步。其做法是在筑就的台基上，按柱位挖坑，另行着意夯筑磉墩。这样可减少台基夯筑量，节省工、料。以前所知最早磉墩实例为西安唐青龙寺遗址，那是素土或填少许瓦片夯筑的，平面为方形。现在召陈遗址提供了更早的礩墩实例[22]。他认为召陈遗址都有擎檐柱，表明由擎檐柱经斜撑而转化为插栱的时间约在西周晚期。召陈建筑上部结构和基本形制，F3、F5、F8 可能是四阿屋盖。他说："召陈遗址出土西周早期屋瓦的形制与凤雏相同。中期遗存大量屋瓦中，除一部分保持早期式样外，并出现不同规格的筒瓦（1/2 圆弧）、最大的有 58 厘米长，矢高 15.5 厘米。过去沣西曾出土'V'形截面的脊瓦，现在这种半圆弧的瓦似乎也是一种脊瓦。晚期出现带花纹的小形筒瓦，略如以前所见的战国瓦，并有素面及带图案的半瓦当。根据出土残瓦数量推测，召陈中期的屋盖已全面铺瓦，遗址出土的塌落屋瓦局部保存了仰覆叠置的原状，提供了证据。晚期建筑由瓦当可知，筒瓦并非只用于脊部，而是与板瓦合用。在这以前我们主要根据文献推测屋盖全面用瓦的时间约在西周晚期，现在看来可提前到中期。但是从《春秋》隐公八年'盟于瓦屋'的记载来看，时至春秋全瓦屋盖仍未普及。"他还认为 F3 散水的烧烤迹象，可能是一种防水、加固工程的做法[23]。

3. 周原西周建筑基址的价值意义

周原地区发掘的岐山凤雏、扶风县召陈西周建筑基址，是我国商周考古史上的重大突破，均属首次发现。像这样规模宏大、布局整齐、保存相当完整的西周建筑，无疑对研究我国三代建筑史及其发展技术有着不可估量的价值意义，充分反映了我国古代劳动人民在距今 3000 年前于建筑科技领域所取得的卓越成就。

第一，对于探讨西周时期的宫室制度等学术问题，提供了史书上没有记载的珍贵实物资料。

关于西周的宫室制度，自周公营建洛邑"制礼作乐"以后统治阶级写下了许多关于天子、诸侯等所享用的城垣、宫室等制度的篇章，见于文献片段记载的有《尚书》、《仪礼》、《周礼》、《礼记》等。后代学者根据这些记载，进行了研究和探讨，众说纷纭，莫衷一是。有的还对西周的明堂、宗庙等建筑作了考证并画出了各种各样的图，标注了各类建筑的"门"、"庭"、"堂"、"室"、"阶"、"前堂"、"后室"等名称和位置，但均与周原已发掘的实物遗存出入很大。如清代戴震在《考工记图》中画的宗庙图没有东、西厢房，其所画的东堂、西堂是在主体建筑两侧，院内有碑，台阶和院子的布局也不一样。王国维在《明堂庙寝通考》中所画的明堂、宗庙图则出入更大，中为太室，四周分别为堂、室、房、左个、右个等。与我们已发掘的"四合院"式的群体建筑差别很大。因此，周原的西周建筑基址的发掘，对解决西周宫室制度等方面的学术问题无疑提供了最有力的实物证据。

第二，填补了我国古代建筑史上的空白。

由若干单体建筑组成群体建筑，是我国悠久的传统的民族建筑形式之一。周原建筑的布局，把我国流行的"廊院"、"四合院"式建筑形制的形成提前了近千年之久。这标志着我国群体建筑有着悠久的历史，并且到西周时就已相当成熟，得到了较为普遍的推广和使用，纠正了那种认为我国群体建筑始于秦汉的说法。周原甲组遗址是目前所知最早的一个严格对称布局的高级建筑群实例。仅就其平面来看，它很像晚近的"一颗印"式四合院民居形式，也就是说，它明确提示了四合院的久远的历史渊源。古文献中颇有关于周代四合院布局的宫殿、宗庙和贵族宅邸的记载，可用以对照遗址进行考察[24]。

傅熹年有这样的推测，这组建筑的整体布置是以堂为中心，前建门塾，后建室、房，左右有庑，用房屋围成方整的外轮廓，内部形成前后两进的庭院；堂、室、门、庑各建筑相对独立，用廊连接，很明显是有计划一次制造的一座完整的"四合院"式建筑。后世四合院的基本特点，如四面用建筑封闭，中为庭院，有中轴线，左右对称，在这所房屋中都出现了。可证我国建筑布局采用四合院形式，至迟已有三千年的历史了。从遗址的规格对称程度看，在此以前应有一段形成、发展的过程。它的雏形出现还应更早[25]。

西周的大型建筑用材和营造技术，一向是我国建筑史上的空白点。周原西周建筑群中出土的土坯和瓦，为我国砖瓦早期的使用提供了实物资料。

其墙体的筑法，由单锤夯变为多锤夯，标明了我国版筑技术的发展过程。墙厚尺度的不同，说明周人对墙体厚度的选择是根据遮挡风雨的实际情况而定的，并不像文献所说，一律为"墙厚三尺"。墙面和地面涂抹的"三合土"则是研究我国悠久瓦工工艺的绝好资料，有助于我们进一步理解《周礼·考工记》中提到的"白盛"。郑玄注云："以蜃（蛤类）灰垩墙。"据现存的灰面分析，除白盛外，很可能已使用石灰了，若这种推测正确的话，就又找到了我国烧制石灰的技术渊源。

整个建筑物，以院落为单位，以庭院为中心。围绕着中轴线的主要建筑物配置如大门、门房、庑、室、厢等次要建筑物呈左右对称的平面布局，使庭院成为建筑实体不可分割的组成部分。这既便于利用庭院扩大使用面积，同时又便于对外防护并保持居住环境的宁静，充分体现了我国古代建筑师的巨大成就。

傅熹年在《陕西扶风召陈西周建筑遗址初探》一文中指

出，在建筑的群组关系上，从凤雏遗址看，已经能够做到有明确的中轴对称的、相当规整的布置。召陈遗址中已发掘的部分可以分东西三列，可以看到，无论建筑体量还是建筑技术的复杂程度，都超出我们过去的估计。特别是 F3，它的最大面宽达 5.6 米，这样的开间相当于明清的中型殿宇，出现在 3000 年前，令人惊叹。

所有这些，都是我国古代科学家和劳动人民在长期的生产斗争和科学实验中，不断积累扩大劳动创造的积极成果，表现了我国古代劳动人民的聪明才智。恩格斯指出，在奴隶社会里只有奴隶制才使农业和手工业之间的更大分工成为可能，从而为古代文化的繁荣创造了条件。这深刻揭示了劳动人民创造历史的真理。

第三，建筑反映了一个国家和民族经济、文化的发展状况和历史特点及其文化传统。

在西周奴隶社会里，由于奴隶和奴隶主所处的政治、经济地位的不同，在建筑规模、形制等方面都有不同的规定。中国科学院考古所在长安沣西发掘的西周早期土窑式房屋，和我们在周原齐家村发掘的窄小平民住宅，与岐山凤雏、扶风召陈西周的大型豪华宫室群相比，形成了鲜明的对照。正如马克思所说："劳动生产了宫殿，但是替劳动者生产了洞窟。"从此意义上讲，周原西周建筑基址的发掘对探索西周社会政治、经济、伦理道德的发展和当时的阶级对立等，也具有重要的意义。

第四，周原西周建筑崛起的启示。

当时已经形成一套比较完整的设计工序。岐山凤雏西周建筑坐北朝南，偏西北 10 度，其建筑院落和房屋中轴对称，布局有序无误。这说明在建房以前已有了正确的设计指导思想，考虑到了整个建筑各部分的功能要求，像这样排列整齐、组合有序、左右对称的格局假如没有施工以前的设计工序是不可想象的。这种设计工序从古文献记载的片段材料也可得到印证。《诗·大雅·绵》歌颂古公亶父由邠迁到周原后，规划岐邑城时说："爰契我龟，曰'止'曰'时'，筑室于兹。……乃左乃右，乃疆乃理，乃宣乃亩，自西徂东。……乃召司空，乃召司徒，俾立室家，其绳则直，缩版以载，作庙翼翼。"可见当时的工匠在司空、司徒的主持下，建设早周都城岐邑的步骤是，首先察看地形，然后卜宅进行测量和规划设计，并发明了较科学的量制和测量工具。"其绳则直"表明了绳子就是测量工具。"乃左乃右"、"自西徂东"，就是从左到右，从西到东进行规划测量。"乃疆乃理"即是划地界，分区治理。朱熹《诗集传》说："疆谓画其大界，理谓别其条理也。"凤雏西周甲组宗庙基址在1400平方米有余的范围内安排了各种用途不同、主次分明的房子三十多间，加上影壁、院子等严格有序的布局，充分体现了建筑设计思路的成功。其平面布局，以门道、中院、前堂、过廊为中轴线，两侧分列门塾、厢房、夹室等。这使整座建筑的各个单体部分有机地融为一体，组成一组完整优美的庭院建筑群，给人以协调和谐、美观大方、宏伟壮丽之感。

另外，当时各类不同功能的建筑布局已有明显的区别。《尔雅·释宫》说："室有东西厢曰庙，无东西厢有室曰寝，无室曰榭，四方而高曰台，陕而修曲曰楼。"这说明宗庙、宫室与住房、台、榭、楼阁的平面安排及其内部结构，都是事先设计安排好的。

凤雏甲组宗庙基址各部分的尺度也反映了事先设计工序的存在。如前堂东西宽 17.5 米，共六间，进深均为 6 米。又如东西门房各宽 8、进深 6 米，厢房南北排列各八间，边长均为 43.4 米，对称，后室前边的两小院见方均为 8 米。

凤雏甲组基址基本呈南北向。这种定向和平面的确定同样是建筑科学上的一个重要创举。

西周时已萌发了我国古典建筑装饰艺术和色调配置的初步追求。周原建筑遗址出土了一些玉饰雕刻品，明显是用于门和室内装饰的。如召陈的菱形玉饰，凤雏的鸟形玉饰等都是镶嵌在门和墙上的。这说明当时人们不满足于一般居住、遮蔽风雨的房子功能，已开始讲究室内装饰艺术的布置和安排了。这种现象表明我国室内外装饰艺术的历史也是十分久远的。当然西周的装饰艺术尽管是原始的，但给后世的影响是深远的。发展到战国时，技术又跃进了一步，人们用铜铸造各种各样带纹饰的构件并套接在柱梁之上，还开始施彩于梁楹。《春秋穀梁传》载："楹，天子丹，诸侯黝，大夫苍，士黄也。"汉、唐、宋、元、明、清的雕梁画栋艺术，均可追溯到西周初年的建筑装饰工艺。

1979 年，在周原召开的"周原建筑遗址现场座谈会"上对周原建筑遗址的评估如下：周原西周宫室建筑遗址的发现，在我国西周考古史上还是首次，而且遗址规模宏大，保存相当完整，这在国内也实属罕见，这些建筑遗址的发现对我国考古和古代建筑的研究，都有着不可估量的重大意义和科学价值。它不仅对于探讨西周时期的宫室制度和礼制制度等提供了史书记载上所没有的珍贵资料，特别可贵的是，填补了我国古代建筑史上的空白[26]。

（二）周原西周墓葬（车马坑）
的发掘与研究

周原地区是西周墓葬、车马坑分布密集区。从 20 世纪 60
年代开始，这里不断有西周墓葬、车马坑发现。其出土文物为
研究西周的埋葬制度、墓葬、车马坑的形制和周文化的渊源，
以及西周的政治、经济等都提供了不少珍贵的资料。这是我们
研究西周文明的重要方面。

1. 墓葬（车马坑）的发掘

1976 年，分别在岐山贺家村西北、凤雏村西南、扶风黄堆
乡的召陈村北和齐家村东、云塘村南、庄白村北、刘家村等地
进行了全面的考古发掘，其中发掘的西周墓和车马坑分布范围
较广。除上边提到的村子外，还有岐山京当乡的王家嘴、礼村
北壕、贺家村南、流龙嘴和扶风黄堆乡的黄堆村等地，都作了
不同程度的发掘工作，出土了许多重要文物，取得了丰硕成果。

1976 年 3 月在发掘扶风云塘村西周制骨作坊遗址时，先
后共开挖方十四个，总面积 250 平方米，除清理了十九个堆积
大量废骨料的灰坑外，还发掘了二十座西周时期的墓葬（内
有一座未曾清理）。

这些墓葬和遗址、灰坑互有打破叠压关系，所以墓葬的时
代较为明确，可分为早、晚两期。早期的墓有的压在第五层
下，有的压在第六层的下面，比制骨作坊时期还早。晚期墓分
别打破了第五层或第三层、第四层的堆积（属西周文化晚
期）。与骨器作坊比较而言，这是该作坊废弃后埋的墓。

云塘墓葬出土遗物共百余件，计有铜器二十一件，其中有

鼎、簋、尊、鬲、觯、戈等，有铭文者共十件，字数三至十二字不等。并有智尊一件。

陶器较多，在十一座墓中都有出土，器形有鬲、罐、簋、豆、瓿等，其制法以轮制为主，手制、模制次之。纹饰以绳纹为多，素面、弦纹、篦纹、网纹、麻布纹、暗纹次之，也有附加堆纹，但较少。陶器的颜色有浅灰色、褐色和红色三种。陶质泥质占80%，其次为夹砂陶。

玉石器有玉刀、玉环、玉笄、铲形石饰、含玉等，共十八件。

骨器有骨凿、骨镞、骨匕、卜骨等，共七件。

蚌器有蚌泡、蚌具等共一百零六枚。

同时还出土玻璃串饰一件，是项饰，由七十七颗四种不同形式的白色玻璃扁珠和绿色玻璃管珠串联而成，管珠和扁珠交错排列，与宝鸡茹家庄强国墓地的串饰相类。

另有漆器出土，因木质腐朽，器形无法复原。从痕迹看似有盒、豆之类的器形，有的腹饰蚌泡，并绘有彩色的饕餮纹。

随葬器物的摆放位置较为有序，铜器、陶器、漆器大多置于死者的头端二层台上或棺椁之间。骨、玉、蚌饰多在死者腰部或身旁。牛、羊、猪肉等祭品则放置在左右二层台上或棺椁之间。

这批西周墓的结构，形制都较简单，规模也较小，除一座为瓦棺葬外，其余都是长方竖穴土坑墓。墓坑一般口小底大。早期墓多是东西向，晚期墓东西向的五座，南北向的六座。有十四座墓筑有熟土二层台，一座为生土二层台，有的墓仅在二端有二层台，棺两侧紧靠墓壁。有十二座挖有长方形或圆形的腰坑，坑内有殉狗。

墓室填土多经夯打。在七号墓的人骨架头端挖有一个长方形的壁龛，内放鬲、簋、罐等陶器。

这批墓的葬具都已腐朽，从板灰痕迹看，一棺一椁者有十四座，有棺无椁者三座，无棺无椁者一座。在棺下一般横置两根枕木，有的在棺底还铺一层砵砂，有的在二层台上有席纹痕迹。这说明埋葬时先置枕木，然后安置棺、椁和随葬器，在棺椁上面盖席子，然后填土夯实。

在有的墓中还出土有红、黑色的漆皮碎片，应是棺上的彩绘痕迹。

这批墓的葬式，能辨认的只有七座，其中仰身直肢六座，侧身屈肢一座。早期墓皆头向西，晚期墓头向不一，向东一座，向西四座，向南四座，向北二座[27]。

1976 年春至 1978 年夏，在岐山贺家村周围三个地点，发掘了西周墓葬五十七座，车马坑四座，灰坑二个。第一地点在贺家村西北，1976 年春，发掘了三十五座西周墓。1978 年又相继发掘了十三座。第二地点在贺家村南砖厂附近，于 1976 年夏和 1978 年夏两次对已暴露的六座墓和一座车马坑进行了发掘。第三地点在贺家村东、礼村北壕，发掘了三座西周墓。

这批墓葬，虽历经盗掘，但仍出土了千余件文物，有铜器和陶器，铜器五件，计鼎二、甗一、簋一，残铜条一根。其中 76QHM113 出土的二件铜鼎腹底水后能显现出"王"和"白⊠父"的阳文，铜甗内壁近口处有"六六一六六一"卦画符号一组。76QHM112 出土的铜簋纹饰十分精美，通体以雷纹衬底，饰夔龙纹。盖面饰四条扉棱，扉棱两侧铸有单线条云纹。腹部花纹与盖同，兽首耳，有珥。在圈足部分亦饰雷纹衬底的夔纹一圈。盖内和腹底有"乍（作）宝用簋"四字。

在这五十七座墓中有二十二座共出土了四十三件陶器，器形有鬲、簋、豆、盉等。其组合以鬲、罐为主，也有鬲、罐、豆同出的。其陶色以灰陶居多，少数为夹砂粗陶，呈红色。纹饰大多为绳纹。

漆器五件已腐朽，器形难以辨识，漆皮有红、黑两色花纹。

兵器和生产工具也不少，有戈、戟、镞，有铜戈、铜戟、铜镞、玉戈、骨镞、铜兽面、陶纺轮、石镰、磨石、骨铲、蚌镰、骨锥等。

装饰品共出土一千五百八十七件，其质料有铜、玉、蚌、贝、骨等。其中铜节约二件，铜泡八十八件，铜鱼十五条。玉饰器九十件，有玉柄形器一件，玉鱼五条，玉串饰三件，玉贝三十八件。骨饰十九件。蚌饰三百零二个。贝二百零一个。石管七件。

丝麻织品 M107 棺内底部发现麻布残迹，在棺内面壁处发现丝织品残迹，当是穿着物，其麻布每平方厘米经、纬各六根。丝织品每平方厘米经、纬分别为二十二和二十六根，朱红色。M113 的丝织品残迹也在棺底部，为黄土色，其每平方厘米的经、纬相等，各三十根。M123 棺底和死者身上的丝织品残迹为白色，每平方厘米经二十五、纬三十根。

同时出土甲骨九片，有的有完整的钻孔。

这批西周墓的形制，其墓坑结构均是土坑竖穴墓。墓口大于墓底的有二十一座，墓口与墓底基本相等的二十二座，墓底大于墓口的十四座。墓的方向大多为南北向，或北偏西、或北偏东，也有东西向的。墓内填五花夯土。有腰坑的三座，坑为椭圆形，内殉狗。这三座墓分布在贺家村东、礼村北壕内。

　　各墓的二层台有熟土和生土两种，没有二层台的是极少数的小墓。

　　这批墓的葬具，从板灰痕迹观察，有棺有椁的十二座，有棺无椁的十六座，无棺椁的八座，瓦罐葬一座，辨认不清的二十座。M107 在棺底铺一层粗麻布，布上有草木灰，灰上再铺一层粗麻布，然后撒硃砂。墓底铺席子二层。有的墓的椁盖和椁底不施板而用圆木做成，另在椁板下还横向填枕木二至五根。有的棺椁上涂漆、绘画和镶嵌蚌泡。

　　没有棺椁的小墓用席子裹尸。M41 的瓦罐葬，在尸体底部铺三块瓦，头部盖上瓦，无手无脚，亦无腿。M42 和 M116，则是另一类型的小墓，死者均受刖刑，M42 的死者大腿骨被砍成二截，砍下的一截葬在死者的左侧，其右臂骨弯向上至肩胛骨处，无随葬品。M116 的死者手脚被砍，俯身直肢，两小腿间随葬圜底、颈部饰一周绳纹的与殷墟相类的陶罐一个。

　　这批墓的葬式，能辨清的有二十八座，其中二十四座是仰身直肢葬，二座为俯身直肢葬，侧身屈肢和屈肢葬各一座。

　　我们这次除发掘以上西周墓外，还发掘了西周车马坑四座、灰坑二个。车马坑分布在贺家村西北西周墓地三座，另一座在贺家村南砖厂处。这四座车马坑方向均在北偏东 7 度至北偏西 7 度之间。其形制均为长方土坑竖穴。第一号车马坑葬殉马两匹，互相叠压，头向正北。第二号车马坑内葬四匹马，两边各两匹，互相叠压，肢骨散乱，东边两匹首尾相对，其中一匹马身上有席子痕迹。第三号车马坑内有马四匹，面向东。第四号车马坑葬马二十四匹，马骨散乱，头向也不规则。在坑的东西壁边沿遗留有车轮残迹，从残迹看，车轮直径约 1.25 米。

　　车马坑被盗掘，留存器物极少，在三号车马坑内有车舌一件，四号车马坑填土内有车舄一对，并有铜质薄兽面具一件，巨嘴，张口龇牙，鼻、目、眉鼓凸，在四角各有二个穿孔，以便系带。

灰坑二个，位于贺家村西。共出陶鬲一件、鬲足三个、骨簪三件、残豆柄一件、铜镞二件、石镰三件、残铜戈一件、残铜车舄二件、铜轴饰二件[28]。

1978年8月，扶风县黄堆乡的齐家村东壕，因连日暴雨浸泡，在土壕的东、南、北三面的断崖上暴露出很多西周的灰坑、墓葬、居住面和房屋建筑基址，经常出土西周铜器、陶器、玉器等。我们对被暴露的墓葬进行了发掘，共三十座，这批墓大小不一，形制基本一样，多数墓被盗挖，有的只有一二件陶器，有的空无一物。其中位于土壕的西南角土崖上的十九号墓，出土文物最丰富。共出器物达七十余件，其中铜器十二件，陶器四十件，玉器二十一件。铜器中七件有铭文，圆鼎二件，大小、花纹、形制、铭文全同，腹壁内铭文三字："乍旅鼎。"铜簋二件，形制、花纹、大小、铭文也相同，有铭文三字："乍旅毁。"铜甗一件。铜尊一件，腹底有铭文四字："乍宝尊彝。"提梁卣一件，两端饰羊首，梁上饰变形蝉纹，间以菱形纹。盖沿上，口沿下饰回首夔龙纹，间以兽首，云雷纹衬地。腹底有铭文四字："乍宝尊彝。"盖铭相同，圈足饰凸弦纹一周。爵二件，大小、器形、花纹全同。觯、盉、盘各一件。陶器有鬲四件、豆二件、罐二十四件。另外还出土了仿铜的陶礼器十一件，且在表面均有一层黑色涂物。陶尊、卣各一件，爵二件，觚二件，盉、盘各一件。玉器有钺一件、戈一件、璧琮一件、玉管一件。玉鸟二件，雌雄一对，雄鸟圆尖冠，长尾自然下垂，作站立状。雌鸟圆尖冠，张嘴作鸣状，两翅后翘，小尾下垂微分作凫卧状，有穿孔。

另外还出土有穿孔的玉鱼、玉觿、小玉管等小玉器。

此墓的铜器、陶器都放在死者头部棺椁之间，玉钺、玉璧琮放在死者盆骨右侧，玉戈放在左侧，玉鱼、玉鸟、玉觿等放在死者口中，玉管放在头顶部（图二〇）。在二层台南边二角各有一个长宽皆20厘米的红色漆器痕迹。在二层台的四角各放一条蚌鱼。

十九号墓为土坑竖穴墓，长方形。口小底大，填五花夯土。腰坑位于墓底中间，埋狗一条。此墓葬具一棺一椁，椁顶由上下两层木板构成，上层东西横铺，下层南北纵铺。椁的南北两端挡板插入东西两侧椁板的卯槽内。椁底用木板南北平铺。椁底下有枕木二根[29]。

1980年4月26日，扶风县黄堆乡黄堆镇老堡子村发现西周青铜器八件，车器七件。这批铜器原是一座西周墓葬的随葬

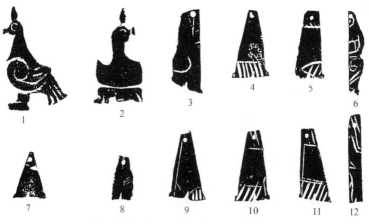

图二〇　扶风齐家村十九号西周墓葬中出土的玉器拓片

1、2. 玉鸟　3—5、7—11. 玉鱼　6、12. 玉觿

器。同时在此墓附近的壕底和崖畔上又发现墓葬和车马坑十五座，有的已被破坏。为确保地下文物的安全，对壕底已暴露的和可能遭到破坏的墓葬、车马坑及时作了抢救性发掘和清理。

这次发掘的墓葬和车马坑，大部被盗挖。三座中小型南北向的土坑竖穴墓填土中清理出一至二辆马车，有的墓附近还有车马坑。这些马坑大小、殉马多少不等，少者四匹，多者十四匹。

在三座墓中出土文物一百三十多件，其中铜器七十四件，陶器仅有残罐、鬲等几件。规模较小的一号墓保存完好，棺椁已朽。死骨躯干四肢齐全，但无头颅。头前位置放簋一件，车軎、辖各一对，銮铃四件，虎形饰一对。在其左侧二层台上放残戈一件，还有彩绘漆盾类的痕迹。大小器物共有三十一件。八号墓的填土中出土了车二辆，出土劫余文物二十八件，其中有铜器玉器、蚌器等。

出土的三件簋上有铭文，其中十六号墓出土的铜簋有铭文一行四字："口乍旅簋。"该器带盖，兽首双耳带珥，盖上和口沿各饰回首夔龙纹一圈，云雷纹衬底，腹部饰瓦纹，是西周中期带盖簋的常见器。八号墓出土的二簋，形制、花纹、铭文全同。兽首双耳，有珥，颈部饰二对卷尾长鸟纹，栩栩如生，这是西周中期流行的花纹之一。腹底有铭文四行二十七字："召伯令生史事于楚曰，锡宾。用乍宝簋，用事毕（厥）虔曰丁，用事毕（厥）考曰戊。"这当是研究周与楚关系的好材料[30]。

1981 年 11 月 20 日，在扶风县法门乡庄白大队刘家村的西南斜坡地，发现先周时期陶高领袋足鬲（分裆式）（图二一）。据此，即在斜坡地作了抢救性清理。在约 500 平方米的范围内，发掘了西周墓二十座，先周墓（又称姜戎墓）二十座，

图二一　扶风刘家村出土的先周陶鬲

战国墓十二座,并钻探出墓葬八十余座。在这批墓葬中值得注
意的是二十座先周墓,其中一座为土坑竖穴墓,十五座为偏洞
室墓,余不清。这种偏洞室墓是先挖一个长方形的竖井式墓
道,在墓道的西侧和南侧留有 0.4—0.75 米的生土台阶。台阶
宽 0.2—0.8 米。在墓道北壁挖一个长方形偏洞作墓室,方向
和墓道大体一致。墓室头端偏出墓道 0.5—0.7 米,墓室的下
部向外扩张,上部呈弧形拱顶。墓室底部都比墓道底部低,有

较短的斜坡连接。墓门是用不规则的土块封门的。

这二十座墓中六座葬具不清，十一座有棺，棺呈长方形，没有底和盖。无棺的三座墓中有二座为小孩墓，另一座在墓室底部挖一个长方形的土槽，用来放置死者。个别墓的墓室内壁涂一层薄薄的白灰。

这批墓的葬式能辨清的多为仰身直肢葬，只有二座分别为屈肢葬和侧身直肢葬。而仰身直肢葬也不一样，有的下肢伸直，双脚并拢，上肢有的伸直，有的弯曲置于腹上。多数仰面向上，也有的是侧面向左的。侧身直肢葬是侧身仰面向上。屈肢葬是侧面向左，双手弯曲于胸前，下肢弯曲，股骨与胫、腓骨间约成100度角。所有头向都向东北。

有随葬品的墓共十八座，出土的生活用具全为陶器，有高领袋足鬲、单耳罐、折肩罐、双耳罐、腹耳罐、双大耳罐、圈足杯等。各墓随葬数多寡不一，少者一件，多者达十余件，常见的是五六件。这批随葬品的组合为鬲和罐同出，全都放置在死者的头端棺外，一般作两排，炊器在前，贮器和水器在后，每件陶器口部盖有一块扁平石块。这批陶器的质地有夹砂和泥质两类。鬲、单耳罐、双耳罐和腹耳罐等为夹砂陶。灰陶居多，红褐和灰褐陶较少。陶器内壁大多为红褐色。夹砂陶中的鬲和单耳罐内还掺有研碎了的陶末，呈橘红色，也有灰褐色的。折肩罐和圆肩罐多为泥质灰陶，有少量的红陶和黑色磨光陶。这些陶器都是手制，方法是泥条盘筑或模制。罐多用泥条盘筑，鬲足多用模制。装饰以绳纹为主，还有附加堆纹、划纹、弦纹、指甲纹、方格印纹和连珠纹等。其附加堆纹形式多种多样，有鸡冠状、波折状、带状、锯齿状等。一般施在鬲的裆、领和口沿处。在罐的肩部和腹部大多施弦纹。戳划纹主要施在鬲、罐的耳部[31]。

1980 年 10 月至 1981 年 1 月在岐山京当乡王家村北的土壕内，发现了铜器。我们及时清理发掘了二座西周墓和一座西周车马坑，虽经盗挖，也出土了不少文物。其中一号墓出土铜鼎二件，陶鬲一件，陶罐一件，贝三十枚，蚌饰一百五十个，卜骨一片。2 号墓出土了铜片二件，玉鸟一件，铜铃五件，玉鱼二条，玉鹿一件，铜凤二件和丝麻织品残迹、蚌饰骨器等，特别是骨梳二把很有价值。发掘的一座西周车马坑在一号墓附近，马坑东西长 8.72，南北宽 2.5—3.2 米，深 3—3.2 米，为竖穴坑。共出土马骨十二具。由东向西排列，全部头向北尾向南摆置。从东向西编为 12 号，1—11 号马骨为头向北，嘴向西，侧置，四肢朝西，前肢均向西叠压，后肢向后直伸，不叠压。而 12 号马骨侧置时，头向北，嘴朝东，四肢亦向东，压在 11 号马的四肢下。

2. 墓葬的研究

周原地区发掘这批西周墓葬和车马坑后，学术界主要对西周墓葬的分区、葬制以及出土文物所反映的周文化的渊源，周文化的发展脉络和西周政治、经济、军事等内容讨论较多。

这些墓葬为先周文化的研究提供了丰富的资料。

关于周原考古队发掘的扶风黄堆刘家村的二十余座墓，学术界有的把它定为"刘家文化"或"羌戎文化"，并把该文化的源头追溯到齐家文化时说："刘家文化当是在齐家文化的基础上发展起来的"[32]。同时，根据刘家墓葬的地层关系，对出土器物作了分期和断代，共分六期。"B 型 I 式鬲和 I 式双耳罐通体饰散乱而印痕深的绳纹，这种风格与齐家文化和客省庄二期文化相似。所以一期墓葬的年代与齐家文化比较接近，与二里头文化晚期相当"。二期"时代大体与二里岗下层相当"。
"二、三、四、五期的时代为商代前期至周人迁岐"。"故推断
六期的年代当为西周文武之际"。在研究该文化的族属时认为
"刘家文化的族属当是羌戎，更确切地说当是宝鸡一带的土
著——姜姓羌族，也就是姜戎"[33]。

刘家墓地的《简报》发表后，引起了学术界的广泛注视，
并陆续发表了不少研究文章。

卢连成认为先周文化第一种类型即姬家店、石嘴头、晁
峪——刘家——斗鸡台类型。母体可能是辛店文化姬家川类型
或辛店文化其他更早的类型。继齐家文化之后，活动在甘肃中
部洮河、大夏河流域属于辛店文化姬家川类型的一些部族，确
曾较大规模地向东游动，在陕甘交界处，造就和形成了先周文
化姬家店、石嘴头、晁峪类型遗存[34]。

李水城认为刘家墓地属于先周文化。刘家墓地的袋足鬲与
碾子坡相同，因而年代相近，在文化性质和族属上属于一个谱
系。刘家文化的陶鬲上承碾子坡而来，单耳罐则来自寺洼文
化[35]。

张长寿、梁星彭则认为：把姬家店、石嘴头、晁峪、刘家
这类遗存作为辛店文化的一个新的类型也许是合适的，……在
对这类遗存没有更多的了解之前，很难和齐家文化比较研究并
做出判断[36]。

张天恩认为刘家文化后期，东西形成两支新文化；西部以
山家头类型为代表，其后形成卡约、辛店等文化；东部发展成
为刘家文化一期。但西东部过渡形态目前尚未出现，期待着以
后的考古发现能弥补这一缺环[37]。

李峰主张将刘家墓地归入晁峪、石嘴头类型之中，这一类

型当有自身的发展进程和文化传统，与晁峪、石嘴头类型关系最密切的是辛店文化[38]。

刘军社认为刘家文化是先周文化并存于关中西部的一支土著文化，可能代表了姜姓羌族的文化，也就是所谓的"姜戎文化"。姜戎文化来源于齐家文化，不过，二者之间尚有缺环[39]。

水涛认为，就目前发现的材料来看，先周文化的来源问题，不能从甘肃东部的辛店、寺洼和客省庄二期文化等类遗存中获得解决答案。进一步说，所谓"姜戎文化"的代表——刘家墓地遗存也不来源于辛店文化的姬家川类遗存[40]。

还有些学者认为刘家类型遗存的兴起，目前也难以追溯其源。但如就二里冈阶段之后整个西北地区的历史背景来看，或许同关中西侧陇东等地相继有寺洼和辛店等文化的兴起或东进不无联系[41]。

张忠培、孙祖初认为齐家文化是一个极具扩张性的考古学文化。宝鸡地区客省庄文化消失便是齐家文化向东拓展的结果。有人指出齐家文化的东部边缘至少已至西安一带，不知依据的是哪一批资料，但陇县川口河齐家文化墓地的发现至少可以作为我们立论的根据。殷墟时期在宝鸡地区兴起的考古学文化是刘家文化。仅就现有的资料而言，把刘家文化分为三期的认识比较稳妥。早期主要包括宝鸡晁峪、石嘴头的一些调查及馆藏资料，中期集中见于刘家村遗址早、中期的大部分墓葬，晚期的典型单位有刘家村 M11、M37、M49 和宝鸡纸坊头④B、④A，尤以刘家村 M49 为最晚。粗略看来，它们约与老牛坡类型的三、四、五期时间相当。刘家文化与辛店文化的相似性是不言自明的，二者应属于一个大的文化体系。现在大家比较一致的看法是，这一文化体系当为古羌族的留存。齐家文化的部分文化因素（如大双耳），或许为该文化体系所继承，但如果把前者作为后者的前身显然缺乏考古学的支持，二者之间还有一定时间上的缺环，另外，后者所习见的圜底罐、分裆鬲等则基本不见于前者[42]。

刘家文化的族属可能是羌人的一支。这支羌人与周人的关系非常密切。郑家坡文化中自始至终都能见到刘家文化的分裆鬲，而前者的折肩罐也普遍地见于后者。它们受商文化影响程度都比较深，宝鸡地区多次出土的青铜礼器便是明证。实际上它们的武器系统虽受到北方式青铜器的一定影响，但无疑更接近于商文化的风格。更为重要的是，在郑家坡文化的分布区乃至分布中心都能见到典型刘家文化风格的墓葬。有相当的墓地在早期主要是随葬刘家文化风格的陶器，而在武王灭商前后却只随葬周人的器物。凡此种种都说明文献中有关姬姜联姻和联盟的记载大多是可信的[43]。

有的学者认为，刘家文化应分为四期：第一期陶器以夹砂橙黄陶、夹砂红褐陶为主，器表颜色斑斓。陶鬲、罐、壶均作略向内敛的直口，器颈中部稍向外弧。罐、壶类器流行圜底、内凹底造型，陶鬲仅见双耳鬲一种，袋足横断面呈椭圆形，实足根作典型的鸭嘴状，器表一律装饰排列规整的细绳纹，流行在绳纹上加饰细泥条、小泥饼组成的蛇形堆纹。此外尚保留部分彩陶。本期以渭水上游的董家台类型遗存为代表，为刘家文化初期，其年代大致处在刘家文化以后至商代早期之间。第二期，部分保留上一期特征，以夹砂红褐陶、夹砂红陶为主，器表颜色斑驳。部分陶鬲、罐、壶的器口变直，不向内敛，壶、罐类器仍流行圜底造型。此期开始出现平底器，除双耳鬲

外，出现带鋬鬲，袋足横断面多呈椭圆形，实足根以鸭嘴形居
多。器表所饰绳纹与早期风格接近，有略变粗的迹象，仍流行
在绳纹上堆塑蛇纹。彩陶消失。本期以宝鸡晁峪、石嘴头、姬
家店等遗址出土的遗物为代表，为刘家文化早期，其年代大致
处在商代早期或商代中期。第三期，陶器以夹砂灰陶为主，少
量红褐色或灰褐色，器表颜色斑驳，内壁多红褐色。泥质陶主
要为灰色，少量红陶、黑斑陶。罐、壶类器流行直口，除少量
保留圜底造型外，多数变为平底器。带鋬鬲数量明显增加，开
始出现无耳无鋬鬲。另一变化是鬲口渐侈，袋足横断面呈圆
形，实足根变为扁锥形，器表纹样变为略粗的绳纹。此期不见
蛇形堆纹，罐类器素面的陶比重增加，新出现小口折肩罐。本
期以扶风刘家墓地为代表，为刘家文化中期，其年代大致处在
商代晚期。第四期，陶器以夹砂灰陶为主，罐、壶类器皿基本
为平底造型，双耳鬲、带鋬鬲数量锐减，无耳无鋬鬲成为主
流，陶鬲器口外侈明显，鬲裆底部多拍印粗大的麻点，袋足横
断面为圆形，实足根变为圆锥形；器表装饰一律变为粗绳纹；
罐、壶类素面的陶器数量更多。本期以宝鸡纸坊头遗址四层、
斗鸡台墓地为代表，为刘家文化晚期，其年代大致处在商代末
年，即西周文武之际。

　　该文作者提出，将刘家文化的圜底罐与辛店文化山家头阶
段的同类器相比，将刘家文化的高领袋足鬲与辛店文化姬家川
阶段的同类器相比，以此证实刘家文化与辛店文化存在渊源关
系。其实辛店文化、山家头、姬家川属于两个不同时段的文化
类型，如此类比显然缺乏科学性，结果自然可想而知。同样将
刘家文化与齐家文化进行类比时也存在类似弊病。关于齐家文
化的年代不是比较清楚的，其下限大致截止于距今 3900 年左

右，但刘家文化，特别是刘家墓地的年代上限无论如何也提不到这么早，二者之间的年代真空过大，不宜直接类比。实际上已有不少学者意识到了这点，或挑明二者之间存在的缺环，或寄希望于将来新的发现，或言在缺乏更多了解之前，二者难于比较并做出判断。

其次，寺洼文化也不可能成为刘家文化的源头，尽管东北片的寺洼文化与先周文化的分布区毗邻或重合，但其文化面貌与刘家文化相去甚远，年代差距也甚大，二者绝无亲缘关系[44]。

李水城把甘肃庄浪博物馆所藏陶器的质地、纹饰、造型、器类、组合等方面加以研究，发现这批陶器与渭河上游至兰州附近的董家台类型遗存关系十分密切，"董家台类型是继齐家文化之后在渭水上游一带形成的一支有着全新内容的文化遗存……其绝对年代恰好处在齐家文化之后，到西周纪年之前"。刘家文化来源于渭水上游的董家台类型。此类遗存在渭水上游一带生成后，其主体沿渭水、陇山一线向东扩展，至关中西部的宝鸡地区，逐渐演变为以晁峪、石嘴头为代表的遗存。以宝鸡为根据地，继续向东渗透，至岐邑一带，刘家墓地是这一阶段的代表。由此再往东，至沣、镐附近基本被姬周文化融会，张家坡等地零星所见高领袋足鬲、偏洞室墓为刘家文化的强弩之末[45]。他也赞成刘家文化的族属为羌人。

牛世山在《刘家文化的初步研究》一文中，对刘家文化遗存作了分析。他提出"刘家墓地可分三期四段，其中第一、三期各一段，第二期包括两段，三个期别的绝对年代分别相当于殷墟二期偏晚、三期、四段偏晚。其中第一、二期属于一支新的考古学文化，即刘家文化，第三期属于郑家坡文化斗鸡台类型"。他在文中否认刘家文化源于齐家文化、辛店文化和北方青铜文化的说法后指出，既然刘家文化的渊源与甘青青铜文化无关，与周邻其他考古学文化也仅为互相影响关系，那么刘家文化的渊源只能是当地的比其更早的考古学文化，应深入探讨刘家文化与客省庄文化的关系。根据已发现的资料，客省庄文化至少可分为康家、客省庄、双庵三个类型，依次分布于关中东部、西部偏东、西部偏西及邻近地区。这三个类型中，康家类型的文化特征与刘家文化差别较大，后又被二里头文化的东下冯类型代替；客省庄类型虽与刘家文化有相近之处，但其最终发展为以郑家坡遗址为代表的先周文化，因而这二个类型都不会是刘家文化的渊源。那么刘家文化的渊源最有可能是双庵类型了。从以上分析说明，刘家文化的渊源很可能是双庵类型，并认为"推断刘家文化的族属为'姜戎'或羌人无疑是正确的"[46]。

徐锡台在《早周文化的特征及其渊源的再探索》一文中，归纳早周文化的主要内容及其特征后，尤其是总结周原遗址出土早周遗物特征后，明确地把刘家文化遗存归入西周早期之后各时期。他把刘家文化遗存作了具体的类比，把刘家墓葬遗存归入为早周文化遗存，并对刘家的一些墓作了类比分析，扶风刘家村 M37：8 陶鬲与客省庄 M1 出土陶鬲相似；M46：1 陶鬲与83 沣毛 M1：4、凤翔西村 M69：2 陶鬲相似；M11：2 陶鬲与凤翔西村 M44：3 陶鬲相似，故推断这座墓年代为文王时期。以 M37 中出土陶鬲为依据，推断刘家 M8：4－3 陶鬲年代为文王早期。M4：1 陶鬲与 M8：4 陶鬲制作时代相同，故推断此墓年代为文王至王季时期。M7：4 陶鬲以形制论之，具有原始性，当属于王季时期。M27：2、M41：1 陶鬲和同墓出土的罐，其形制比较早，可能属于古公亶父由邠迁徙于岐邑前后时期。

M3：1－2陶鬲，颈部附双耳，此鬲形制比较原始。它的制作年代，可能属于古公亶父由邠迁移岐邑前后时期。并表示"我们认为早周文化可能是在陕西龙山文化的基础上接受了齐家文化一些因素而发展起来的，换言之，早周文化始祖于陕西龙山文化"[47]。

王占奎同志在《论郑家坡遗存与刘家遗存》一文中对郑家坡与刘家出土文物进行了比较研究后，就刘家遗存的年代和属性进行了探讨。他基本同意卢连成的意见，但又更具体地分析和论证了刘家墓地遗存的年代"上限不超过殷墟二期，最早当始于殷墟三期"，"刘家墓葬的年代下限不晚于文王"。对其族属问题，他的意见是，刘家墓葬为古公迁岐事件后不长时间里的遗存，此为其时间条件，它的族属当于姬周族之外求之，此为其族属条件，从其与关中西部、甘肃省东部之平凉、庆阳等地袋足鬲的联系上可以发现它的分布地域，此为其地域亦即空间条件。刘家遗存的族属必与此三者相合。他根据《史记·周本纪》有古公"乃与私属遂去邠，度漆、沮，逾梁山，止于岐下，邠人举国扶老携弱，尽复归古公于岐下，及他旁国闻古公仁，亦多归之"的记载，认为古公亶父迁岐时还有其他族体的人一起到了岐下。这些他国异族进入岐下者，他认为是姜姓的可能性极大[48]。

以上摘录有关学者对周原刘家墓地的出土文物的讨论，涉及面很广，讨论的深度也是空前的。经讨论，一些分歧在逐渐缩小，看来这一讨论是有成效的。

西周墓葬的分区问题，是学术界多年来十分注意研究的问题。陕西、河南洛阳、北京、江苏丹徒、安徽屯溪、甘肃灵台等地都曾经发现过西周墓，陕西周原地区的西周墓分布尤为密集，而数量也最多。大部属于中小型长方土坑竖穴墓，个别有洞室、壁龛。有的同志认为扶风云塘发掘的西周墓的铜器和陶器的组合，以及扶风齐家村西周中晚期西周墓一些铜器和陶器组合形式和沣、镐地区的西周晚期墓有所不同，"显示出不同地区在随葬器物上的特色"[49]。

周原地区西周墓葬的发掘为今后寻找周王陵提供了重要线索。我们在上文已谈到，在周原黄堆镇发现的大型周墓和车马坑，其墓主人身份都较高，加之古代黄王不分，黄堆应是王堆之意，再联系文献记载，黄堆附近的岐山山脚下很有可能是周陵的所在地[50]。

周原考古队发掘的这批西周墓，出土了大量的文物。除铜器、陶器外，还出土了丝织品、麻织品、玉器和料珠等。这些也引起了学术界的关注，学者们作了各方面的研究。

贺家村几座西周墓中均出土了丝、麻织品残迹。尽管这些残迹都附着在泥土上，但其色泽和其细密的经线、纬线用放大镜能看得一清二楚。北京纺织研究所对这批丝织品残迹进行了鉴定，对其纤维性质和纤度，纱的结构、煮练、染色以及织造技术等都得出了明确结论，写出了详细的鉴定报告，肯定了这批丝织品属于家蚕吐丝，在精练的过程中加入了钙的物质。线和丝织物的精涑，必须使用碱性物质，中国在很早的时候，就认识到这一点，据《考工记·㡛氏》，周代涑帛用栏木灰和蜃灰（均为含矿物质），所以根据光谱的反应，显然是从西周起就能这样做了。因此我们认为大量钙的存在是古代经过涑的遗痕。岐山标本是现知周代最早的着色织物。我们通过判断，红色的物质是涂上的辰砂，我国在以前的织物色彩的处理上，始终是染画并用的，故《考工记》所记，"周官"之职也是画绩之事。画即包括涂，岐山标本上的色彩，当然如是[51]。

至于出土的大量玉雕之藏品，研究者也颇感兴趣。贺家村西周墓出土的玉器九十多件，有不少是精雕细琢的工艺品，如其中的柄形器、玉鱼、玉贝、玉串饰等都很别致。M7 出土的玉鱼（编号为 M7：27）长 7.2、宽 1.9 厘米，张嘴，头部有一小圆孔，以便串连，尾上翘，鳍、眼布于两侧，全为线雕，很精致生动，给人以栩栩如生之感。M48：3 玉鱼，长 5.9、宽 1.7 厘米，细长条形，两侧上下细雕鱼鳍，尾为斜刀状。

还有扶风云塘出土的玉串饰（图二二）以及齐家村 M19 出土的玉鸟、玉鱼、玉觽等小玉器都是工艺精品。其中的玉鸟、玉鱼等尤为精致，玉鸟二件，为一雌一雄，雄鸟为 4 厘米，圆尖冠，长尾，作自然下垂状，站立。雌鸟高 3.5 厘米，圆尖冠，张嘴作鸣状，两翅后翘，小尾下垂微分，作凫卧状。雄鸟站，雌鸟卧，其写实生动有趣，这小动物的性格都通过作者的刀刃被塑造得有声有色。

另外，在扶风云塘西周墓中出土了玻璃串饰，在岐山贺家村西周墓中出土了料管，学术界对此也有研究，有的认为这是我国最早的玻璃。以往一般都把玻璃制品说成是外来的，似乎我们自己的制品也是引进外国的，但北京故宫博物院原副院长杨伯达，根据他多年来的研究成果提出了新论点。1978 年以来在学术界发表了不少关于我国古代玻璃起源的论文，他同意"玻璃自创说"。他认为我国古玻璃起源时间很早，但发展速度比较缓慢。因其质地轻脆易碎，使中国古玻璃在人们生活中局限于特定的领域之内，打不开局面。加之不耐高温，不适宜作饮食器皿，只能作项饰、剑饰、束发笄等。他认为西周墓中出土的这些串饰、料管等是我国最早的玻璃。这样把我国自创

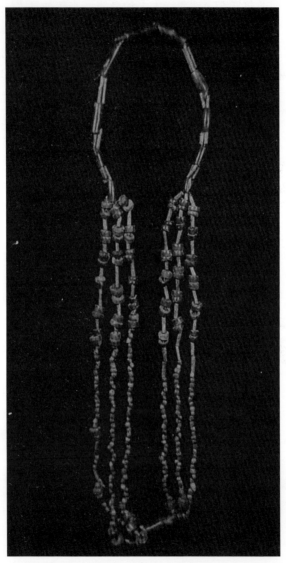

图二二　扶风云塘村出土的西周玉串饰

玻璃的起点提前到公元前 11 世纪的西周，有力地否定了玻璃"外来说"的论点[52]。

　　周原西周墓中出土的铜、陶礼器是研究西周礼制的实物证据，根据西周的礼制规定，有特殊身份的人死后所享用的殉葬品规格和数量都是有严格规定的，天子九鼎八簋，诸侯七鼎六簋，大夫五鼎四簋、士三鼎二簋等。我们发掘的西周墓由于大部被盗，完整者不多，但也有个别完整者，同样为研究西周的礼制提供了很好的资料。如扶风齐家村十九号西周墓出土的铜器和陶器为研究士丧礼提供了物证，并提出了一些新问题，十九号墓出土的铜礼器有鼎二、簋二、尊一、卣一、爵二、觯一、盉一、盘一、瓢一，共十二件。仿铜陶礼器有簋二、尊一、卣一、爵二、觚二、觯一、盉一、盘一、鬲四、豆二。据"士用牲二鼎或一鼎"、"牲三鼎配二簋"的制度[53]，该墓少了一鼎或多了一鼎。这是个新问题，有的学者提出是否与墓主人的身份即元士、中士、下士的级别有关，其他如二豆、二爵等配置与士丧礼的规定是吻合的。还有其他礼器，也基本反映了西周穆共之际的士礼制度[54]。

　　此外，这批墓葬出土的陶器及其组合关系为研究西周埋藏殉葬陶器的变化过程提供了珍贵标本。如扶风云塘墓和岐山贺家墓在时代上有早有晚，其出土陶器形制和组合也不一样。如陶鬲的变化基本趋势是，形体由瘦高逐渐变为短胖，领部也由高变低，鬲足由袋状向实足、柱足发展，鬲裆由扁裆向平裆发展。罐的形制由早期的圆肩向较晚的折肩和低肩发展。豆早期矮小，中晚期豆柄较高，柄上加凸棱。这些都给西周陶器分期增添了新标本[55]。

　　再如扶风云塘西周墓的早晚两期出土器物有明显的区别，

其组合形式也不相同。早期墓为鬲、罐、簋组合（个别墓有瓿）；晚期墓则为鬲、罐、豆组合（个别墓有簋）。这说明早期墓有簋而无豆，晚期墓有豆而簋少了。但二期都有鬲、罐，但二者在形式上有显著区别[56]。

综上所述，周原西周墓的发掘为学术界提供了丰富多彩的研究资料，促进了学术界对西周诸问题的研究。这是件十分可喜的好现象，希望以上诸方面的研究能够再次引向深入。我们在本文之所以着力把这些研究成果和不同见解介绍给读者，其目的就在于此。

（三）周原制骨作坊的发掘与研究

1976 年陕西周原考古队，在发掘岐山凤雏村西周早期宫室（宗庙）建筑基址和扶风召陈村西周中期宫室（宗庙）建筑基址时，在扶风黄堆乡的云塘村南开挖了西周时期的制骨作坊遗址。该遗址的规模、出土文物令人惊叹，现将其分两部分叙述。

1. 扶风云塘村西周制骨作坊的发掘

对该作坊遗址的发掘，陕西周原考古队专门组织了一支由西北大学历史系考古专业教授刘士莪领导的小分队，集中了大学师生和亦工亦农学员几十人，进行了为时二年多的发掘。由于该遗址规模十分广大，仅选择重中之重的遗址进行工作，当时称作试掘。

在陕西地区周人居住中心的西周制骨作坊遗存是不太多的，特别像周原规模这么大的制骨作坊遗址实属首见。云塘西周制骨作坊遗址位于岐山主峰箭括岭之南，西距岐山贺家村西周早期宫室（宗庙）建筑基址约 1000 米有余，东距扶风召陈村西周中期宫室（宗庙）建筑基址约 2000 余米，位于云塘村西南约 300 米。这里的地势北高南低，整个地平面较高。遗址东西长 220、南北长 300 米，总面积达 60000 平方米有余。在遗址中部，由于农民历年取土，形成了一片低洼平地，地面上暴露出不少灰坑迹象。西部断崖上，暴露着许多灰坑和骨料，从地面废骨料分布情况估计，约有六万多平方米范围内分布有这些骨料。据农民反映，长期以来他们在这里取土，拉走了不计其数的废骨料。由于面积太大，加之农民取土，使我们难以确定作坊主体在何处，只好选择堆积较厚，骨料较多的地方作为发掘点。我们前后共进行了三次发掘。从发掘情况看，我们的发掘点属于制骨作坊的边缘区，是一处倾倒废骨料和垃圾的场所，尽管如此，它们只能属于制骨作坊的产品和组成部分，作坊的主要活动车间和整体布局如何，尚待今后进一步工作。现着重初步工作部分和出土文物加以介绍。

从发掘情况看，云塘村这处少见的西周制骨作坊遗址，内涵十分丰富，地层叠压关系比较复杂。灰坑、墓葬交相叠压，互相有打破关系。文化堆积很厚，其地层大致可分为六层，由上而下：第一层，农耕土，厚约 10—35 厘米。第二层，后代扰乱层，厚约 10—85 厘米，土质松软，呈黄褐色，内有布纹瓦片和青瓷片等文物。第三层，灰褐色土，厚约 10—30 厘米，土质较密，为一部分居住面，有的灰层被西周晚期墓葬打破。第四层，五花土，厚约 10—30 厘米，土质较实，内有少量废骨料和陶片，有的地方有残存的石板路面和石砌台阶。第五层，土质松散的褐色灰土，厚约 3.8 厘米，内有大量的废骨料和陶片，并出土有铜、石、蚌和骨质生产工具及大量骨器半成品，有大型灰坑的堆积都属于这一层，下压早期西周墓葬。
第六层，土质较密的浅灰色土，内有少量废骨料和陶片，下面
为黄色原生土。

从以上文化层堆积分析，第三、四层属于西周晚期，第
五、六层属于西周中期。第五层内的文物最为丰富，堆积也
厚，是骨器作坊文物的主要堆积，应是该作坊极盛时期的遗
存。

以上地层为3、4、5、6号探方剖面所显示。

在遗址内还发掘了西周晚期残存的二处石板路面，清理了
一处石砌台阶、一处石砌墙基和几处较小面积的居住面。但由
于破坏严重，其结构全貌已无法复原。

在25、26号探方内还发现了火烧过的墙土堆积物和板瓦
片等文物。

同时清理发掘了灰坑十九个，墓葬二十座，出土骨器、陶
器、石器、铜器等文物约二百多件，废骨料和陶片特别多，仅
废骨料就达二万多斤。

由于这些墓葬年代较为清楚，早期墓都压在第五、六层之
下，其年代下限约当在西周昭穆之时。晚期墓分别打破第三、
四、五层堆积，其年代为西周末期。这就为制骨作坊的断代提
供了可靠的依据。

十九个灰坑的形状可分为条形、袋形、椭圆形和不规则形
四种，其大小、深浅也不一，最大的口径9.5、深4米。最小
的口径1、深0.8米。

这些灰坑，属于西周中期的有十五个，属于西周晚期的有
四个。如1号灰坑呈长条形，长4、宽2.5、深1.8米。出土
物有铜刀、骨笄、骨针和砺石等，废骨料和陶片是很多的。20

号灰坑呈椭圆形，坑壁陡直，口径 3.5—5.6、深 3.7 米，除出土大量废骨料外，还出土了不少火烧过的墙泥。21 号灰坑呈圆形，口径 9.5、深 4.2 米。出土物十分丰富，有废骨料八千多斤，和大量的骨制半成品，陶片以及各种生产、生活用具等。22 号灰坑，底大口小，呈袋形，直径 2—2.7、深 3.7 米，底部北高南低，形成三个台阶。在坑壁上有明显的铜镢类的挖掘痕迹，同样出土了大量的废骨料和陶片，23 号是条东西走向的灰沟，长 8.2、口宽 5.5、深 4 米。内含大量的废骨料和陶片外，还出土了骨笄、骨针、骨铲和骨制半成品。

四个西周晚期的灰坑，都比较浅小，其中 17 号灰坑的底部呈锅底形，口径 1.7、深 0.8 米。内有少量的骨笄、陶片和废骨料。

出土文物可分为几大类，即生产工具、陶器、装饰品及其他出土物。

生产工具计有石质类的石刀、石斧、石铲、石钻帽、砺石、石臼等。铜质类的有铜刀、铜锯、铜钻、铜镢等。骨质类的有骨铲、骨凿、骨锯、骨刀、骨锥、骨针、骨镞、角锥、角铲、蚌刀等。其中骨锯系用牛的肢骨壁制成，整体呈三棱锥状，刃部有细密的锯齿，长 12.7 厘米。骨锥系取兽类肢骨的近关节部位做成柄，另一端锉成锥尖，器物表面留有锉痕。还有的是将兽类肢骨劈开磨制而成，末端扁平或呈多棱形。骨针制作很精细，纤细的针身、小而圆的线孔，制作水平很高。

陶制工具有陶刀、陶拍、陶纺轮等。其中陶纺轮有圆饼状、锥状、半球体等形状。

在遗址中出土的数以万计的陶器残片，虽然完整的器形不那么多，但仍是研究当时制陶业生产的好材料。不仅数量多，而且原器形也很多，计有鬲、甗、罐、瓮、罍、豆、盆、盂、尊、簋等各种器形，还有建筑上用的筒瓦、板瓦等。

这些陶器的质地不一样，有泥质灰陶和夹砂陶两种，主要根据陶器和用途所需而定。其中夹砂陶的质地较松，主要用于制作鬲、甗等炊器和少数罐、瓮等器，便于传热，这类质地的陶器占整个陶器的30%左右，内含较细的砂粒。另一类是泥质陶，这一类陶质的陶器比例较大，约占70%，由于是泥质，所以质地坚硬，主要用于制作豆、盂、盆、罐、瓮、尊和簋等器物。

这些陶器的色泽比较简单，只分灰陶和红陶两种，而灰陶还可分浅、深两色，这类色泽的陶器约占95%。红陶较少，仅占5%，其器形属盆、罐和少量的鬲。

这些陶器据器物不同的部位采取不同的制法。一般口沿和颈部以轮制为主。鬲足、罐耳、器盖纽等都用手制。像瓮、罍、罐等大型器物多采用泥条盘筑法制作，模制器极少。一个器物多采用轮制和手制相结合的制法。有的器物制作成形后，还经过磨光、刀削等加工工序。

这些陶器的纹饰中，绳纹占绝对多数，约70%左右。其次有弦纹、篦纹、网纹、平行暗纹、三角划纹、附加堆纹、回纹、窃曲纹和云雷纹等三十多种。其中回纹、窃曲纹、云雷纹较少，还有些是素面。绳纹一般饰在鬲、甗、罐、盆、瓮、罍、尊等器物的腹部。少数特殊的饰于陶罍的肩部及个别纺轮上。弦纹、篦纹和平行暗条纹多饰于小口罐的肩部。

出土的第三类文物是装饰品，是该处遗址中出土最多的一类，主要有骨笄、玉环、玉玦、玛瑙珠、玉片等饰物。

其中骨笄及其半成品特别多，但完整的只有五十六件，是

用兽类的肢骨劈开后磨制成的。其形制有四种，第一种是笄身
细长的圆锥形。第二种平顶，有的在顶端镶嵌绿松石。第三种
笄身扁平，顶端宽扁。第四种笄身呈圆柱状，顶端有榫可插入
笄帽内，显然这是很珍贵的一类。

　　另外还有蚌泡饰、穿孔蚌壳、蚌制桃形饰等蚌饰品。

　　第四类文物有陶狗、铜牺首、雕花骨片、鳖甲、菱形石饰
等。骨雕有长条薄片，镂孔蚪形纹。菱形石饰，有的一面光
滑，刻菱形线纹，另一面带有打击痕迹，长22、宽16厘米左
右。这类菱形石饰是镶嵌在建筑物上的装饰，在召陈遗址曾采
集到两件，类似汉白玉。可以想见周人在建筑艺术的装饰上有
了新的突破。

　　我们从以上部分发掘地点的情况及其出土文物看，像云塘
村这样规模大、内涵丰富的西周制骨作坊遗址，在商周考古史
上是仅见的。以往我们所见作坊遗址一般规模都较小，出土物
也不那么多，由此可见，制骨事业到西周时期得到了空前长足
的发展[57]。

2. 扶风云塘村西周制骨作坊的研究

　　我们从上文的介绍中，可以看到扶风云塘村西周制骨作坊
遗址的局部发掘具有十分重要的意义。它为今后在此进行大规
模发掘奠定了坚实的基础，同时，发掘出土的文物也引起了学
术界的关注。这就为研究西周制造骨器这一专门性生产部门的
发展、经营、销售以及与其他部门的关系提供了十分重要的实
物资料。迄今为止，学术界对以下几方面的问题作了探讨。

　　谈及云塘村制骨作坊所反映的西周农牧业生产的研究，众
所周知，周人本来是一个弱小民族，长期以来一直臣服于东方
的殷帝国。远在夏代，周民族就因为务农有方，曾经几代作了

夏王朝的农官，长期以"后稷"称谓得名。《史记·周本纪》载古公亶父由邠迁周原以后，"乃贬戎狄之俗，而营筑城郭室屋，而邑别居之。作五官有司。民皆歌乐之，颂其德"。《集解》引《礼记》曰："天子之五官曰司徒、司马、司空、司土、司冠，典司五众"。郑玄曰："此殷时制。"又《索隐》引诗颂云："后稷之孙，实维太王，居岐之阳，实始翦商。"后经季历、文王昌几代人的经营，将周原这块土地开垦耕种，使周人原先擅长的农业生产经营得以发挥，很快使弱小的周人强大起来。建国后，周人自始至终以农为本，而周天子即周宣王以前，每到春耕季节，还要举行耕作仪式，即天子要"亲籍千亩"，以示对农业生产的重视。

正因为周人定居周原后，重视农耕，以后又得到长期的发展，大量的农产品为饲养畜牧业奠定了坚实的物质基础。云塘制骨作坊发现的大量各种畜类的废骨料非常多，有的灰坑面积仅 1 平方米，深仅 50 厘米就出土废骨料一百六十二斤之多。据鉴定，这些骨骼有牛、马、羊、猪、狗、鹿、骆驼等骨，其中牛骨占 80%，马骨约占 5%。在 21 号灰坑中骨料达八千多斤，其中有牛左蹠骨九百四十八块，右蹠骨六百二十一块，左跟骨一千二百二十二块，右跟骨一千三百零六块。马左蹠骨二十一块，右蹠骨十七块，据此可统计出 21 号灰坑的牛就有一千三百零六头，马二十四。可以想见这么多的牛马，没有粮食是养不成的。这足可证明当时西周的农牧业生产是相当繁华的，正如《诗·甫田》所描绘的那样，上亿上万的粮食堆满了仓库，"曾孙之稼，如茨如梁；曾孙之庾，如坻如京。乃求千斯仓，乃求万斯箱，黍稷稻粱。农夫之庆。报以介福，万寿无疆"。《诗·丰年》载"多黍多稌，亦有高廪，万亿及秭。

为酒为醴，烝畀祖妣，以洽百礼"。这二首诗歌说明了当时奴隶主贵族所榨取的各种粮食堆积如山，多到数不清、装不完的地步，遍地是高大的仓库。他们用奴隶生产的血汗粮酿成各种各样的美酒，奉祀自己的祖先，祈求永远多福多寿，同时也反映了当时农业生产的发达。

发达的农业为畜牧业生产奠定了粮食基础，而发达的农牧业又为各种手工业，特别是骨器制造业打下了更坚实的物质基础。所以云塘大规模制骨作坊文物的出土是研究当时农牧业生产的重要证据。

谈及对云塘西周制骨作坊产品性质的探讨，主持该遗址发掘的刘士莪认为在商周时期骨器制造工艺有了突出的发展，骨器制造手工业已成为独立的生产部门。从郑州、安阳商代王都附近发现的各类手工业作坊遗址可以证实这一点。这些作坊都生产单一品种的产品，一些骨器作坊大多生产一二种产品，且多以生活用品为主。云塘骨器制造作坊所生产的产品，与郑州、安阳的商代骨器作坊极为相似。产品中的骨笄占90%以上，其次是骨锥、骨针等产品。这一方面说明当时人们对这些产品有需求，也说明手工业内部已有了较细致的分工。而云塘骨器作坊所在地，位于召陈、凤雏西周宫室这二大建筑群的中间，互距仅1500米左右。在召陈宫室（宗庙）基址中所出土的骨笄也镶有绿松石，与云塘作坊的产品一模一样，推测很可能云塘骨器作坊是专为奴隶主王室贵族制作骨器的。

对西周骨器制造工艺水平的探讨，可以从云塘所出土二万多斤的骨料和大量骨器成品、半成品的制造工艺的痕迹来分析判断。这些出土遗物绝大部分带有锯、削、锉、磨等加工痕迹。又出土铜锯、铜刀、铜钻、砺石等制造骨器的生产工具。

从这些生产制作的工具和骨器本身加工部位的痕迹，可以明显地看出当时骨器制造的工序和加工过程。以骨笄为例，大体有以下几道工序。

首先是选材。从云塘出土的废骨料看，以兽类骨骼的关节部位（骨臼和关节头）为最多，如肱骨头、桡骨头，尺骨头、掌骨头，股骨头、胫骨头、腓骨头、蹠骨头、肩胛臼和肩胛骨的前缘、后缘等。约占总量的90％，这说明兽类的四肢骨是骨器制造的重要原材料。同时，从许多取材后遗弃的前后肢关节部位仍套合在一起的情况看，当时制造骨器都是采用兽类的新鲜骨料，在骨料表面还附有软组织时就送进作坊了。

其次，进行锯割。这是第二道工序。先把选好的骨料，用锯或刀把两端的关节头截去，然后顺着骨体剖成粗、细适用的长条。而对掌骨、蹠骨等较短的肢骨，只取一端的关节进行锯割，留一端，以便于手握。对肩胛骨一般是截去肩臼和肩胛网，用来制作骨铲和骨匕，对粗厚的骨壁，多从两面锯割。所有这些锯割部位的选择亦反映了加工水平的提高。

第三，削锉。把劈开后的骨条，用刀削去棱角，然后用锉锉成圆锥状，制成骨笄的雏形。我们从半成品可以看出这些锉圆的工具痕迹，十分整齐清晰，似乎是用一种转动工具锉的。

第四，磨光。把制作具有雏形的骨笄在砺石上打磨光滑后，就成为成品了。从出土的砺面带有深浅不同的沟槽凹面，说明这是磨制骨笄所留下的痕迹。

第五，雕嵌。这是最后一道工序。把骨笄磨光后，在其顶端雕镂纹饰，有的另雕刻笄帽插装上去，有的在顶端还镶嵌绿松石。

从这些骨料的裁截面和取材率的情况分析，当时每一个工序都可能是由固定的工奴匠人来操作的。

青铜刀、锯、钻等工具的使用，无疑是促进当时制骨手工业发展的重要原因之一[58]。

总之，从以上云塘制骨作坊遗址的发掘和研究情况可以看出，当时像云塘这样重要的骨器制造作坊也是由王室和奴隶主贵族所控制的，而由百工直接掌管。《礼记·王制》说："凡执技以事上者，祝、史、射、御、医、卜及百工。凡执技以事上者，不贰市，不移官。"这就规定了那些为奴隶主贵族服务的工匠，不能兼作他事，也不能改变工作行业。

西周时期的制骨业和其他手工业一样，也是由官府经营。工匠、商人多为官府奴隶，这就是史书所说的"工商食官"。

周人灭商后，保留了有技术的商人手工业者，并把这些专门人才分给各诸侯国，如分给鲁公的有殷民六族，分给康叔的有殷民七族，其中锜氏即锉刀工，终葵氏为椎工，他们因有专门技能，受到周人重视。

注　释

[1] 陈全方《周原与周文化》，上海人民出版社 1988 年版；陕西周原考古队《陕西岐山凤雏村西周建筑基址发掘简报》，《文物》1979 年第 10 期；陈全方《周原西周建筑基址概述》（上），《文博》1984 年第 1 期。

[2] 陈全方《陕西岐山凤雏村西周甲骨文概论》，《古文字研究论文集》（《四川大学学报丛刊》第 10 辑），四川人民出版社 1982 年版。

[3] 杨鸿勋《西周岐邑建筑遗址初步考察》，《文物》1981 年第 3 期。

[4] 王恩田《岐山凤雏村西周建筑群基址的有关问题》，《文物》1981 年第 1 期。

[5] 陕西周原考古队《陕西岐山凤雏村西周建筑基址发掘简报》，《文物》1979 年第 10 期。

［6］同［4］。

［7］同［3］。

［8］傅熹年《陕西岐山凤雏西周建筑遗址初探——周原西周建筑遗址研究之一》，《文物》1981 年第 1 期。

［9］李西兴《从岐山凤雏村房基遗址看西周的家属公社》，《文博》1984 年第 5 期。

［10］丁乙《周原的建筑遗存和铜器窖藏》，《考古》1982 年第 4 期。

［11］北京大学历史系考古教研室商周组编《商周考古》第 184 页，文物出版社 1979 年版。

［12］尹盛平《周原西周宫室制度初探》，《文物》1981 年第 9 期。

［13］陈全方、尚志儒《岐山凤雏西周宫室建筑的几个问题》，《西周史论文集》（上），陕西人民教育出版社 1993 年版。

［14］同［8］。

［15］同［3］。

［16］陕西周原考古队《扶风召陈西周建筑群基址发掘简报》，《文物》1981 年第 3 期。

［17］同［12］。

［18］同［3］。

［19］傅熹年《陕西扶风召陈西周建筑遗址初探——周原西周建筑遗址研究之二》，《文物》1981 年第 3 期。

［20］同［19］。

［21］同［19］。

［22］同［3］。

［23］同［3］。

［24］同［3］。

［25］同［8］。

［26］详见《周原考古简讯》1979 年第 12 期。

［27］陕西周原考古队《扶风云塘西周墓》，《文物》1980 年第 4 期。

［28］陕西周原考古队《陕西岐山贺家村西周墓发掘报告》，《文物资料丛刊》（8），文物出版社 1983 年版。

［29］陕西周原考古队《陕西扶风齐家十九号西周墓》，《文物》1979 年第 11 期。

［30］陕西周原考古队《扶风黄堆新发现一处西周墓地》，《周原考古简讯》1980 年第 14 期。

［31］陕西周原考古队《扶风刘家姜戎墓葬发掘简报》，《文物》1984 年第 7 期。

［32］尹盛平、任周芳《先周文化的初步研究》，《文物》1984 年第 7 期。

［33］同［31］。

［34］卢连成《先周文化与周边地区的青铜文化》，《考古学研究》第 257 页，三秦出版社 1993 年版。

［35］李水城《刘家文化来源的新线索》，《远望集——陕西省考古研究所华诞四十周年纪念文集》，陕西人民美术出版社 1998 年版。

［36］张长寿、梁星彭《关中先周文化的类型与周文化的渊源》，《考古学报》1989 年第 1 期。

［37］张天恩《高领袋足鬲的研究》，《文物》1991 年第 3 期。

［38］李峰《先周文化的内涵及其渊源探讨》，《考古学报》1991 年第 3 期。

［39］刘军社《郑家坡文化与刘家文化的分期及其性质》，《考古学报》1994 年第 1 期。

［40］水涛《从周原出土蚌雕人头像看塞人东进诸问题》，《远望集——陕西省考古研究所华诞四十周年纪念文集》，陕西人民美术出版社 1998 年。

［41］张忠培、朱延平、乔梁《陕晋高原及关中地区商代考古学文化结构分析》，《内蒙古文物考古文集》第 1 辑，中国大百科全书出版社 1994 年版。

［42］张忠培、孙祖初《陕西史前文化的谱系研究与周文明的形成》，《远望集——陕西省考古研究所华诞四十周年纪念文集》，陕西人民美术出版社 1998 年版。

［43］同［42］。

［44］同［35］。

［45］同［35］。

［46］牛世山《刘家文化的初步研究》，《远望集——陕西省考古研究所华诞四十周年纪念文集》，陕西人民美术出版社 1998 年版。

［47］徐锡台《早周文化的特征及渊源的再探索——兼论文、武时期青铜器的特征》，《考古学研究》第 306—397 页，三秦出版社 1993 年版。

［48］王占奎《论郑家坡遗存与刘家遗存》，《考古学研究》第 327—329 页，三秦出版社 1993 年版。

［49］中国社会科学院考古研究所编《新中国的考古发现和研究》第 251—252 页，文物出版社 1984 年版。

［50］陈全方《早周都城岐邑初探》，《文物》1979 年第 10 期。

［51］赵承泽、李也贞、陈全方、赵钰《关于西周丝织品（岐山和朝阳出土）的

初步探讨》,《北京纺织》1979 年第 2 期。

［52］ 杨伯达《关于我国古玻璃史研究的几个问题》,《文物》1979 年第 5 期。

［53］ 俞伟超、高明《周代用鼎制度研究》（上）,《北京大学学报》1978 年第 1 期。

［54］ 同［29］。

［55］ 同［28］。

［56］ 同［27］。

［57］ 陕西周原考古队《扶风云塘西周骨器制造作坊遗址试掘简报》,《文物》1980 年第 4 期。

［58］ 同［57］。

四　周原遗物的考古发现与研究

多年来周原地区出土的文物，有的是在耕种或农田基建时发现的，就地交给了文化文物部门。大部分是考古发掘的，约有十多万件。

这些文物大部已经整理入库，并发表了《简报》或专著进行研究，但也有些文物至今还没有深入探讨，甚至还未公布材料，故本书只能就已公布的资料和研究成果作些介绍。

（一）周原青铜器的发现与研究

1. 1976 年以前周原青铜器的发现与研究

周原一向有"青铜器故乡"之称，是我国青铜器的重要产地。从史书记载看，至迟在西汉这里就不断出土青铜器。这些青铜器的出土为研究历史、科技、文化艺术提供了极为宝贵的实物资料。

周原出土青铜器最早是在西汉宣帝神爵四年（公元前58年），《汉书·郊祀志》载："是时，美阳得鼎，献之。下有司议，多以为宜荐见宗庙，如元鼎时故事。"这里的"元鼎时故事"即指汉武帝元鼎元年得宝鼎最后改元之事。接着官吏们对此美阳出鼎事从政治角度上作了阐述，初次在金文内容上作了考释。这当是我国最早的古文字研究的实例。

到东汉章帝时又在岐山美阳出土了酒尊，《宋书》卷二九

《符瑞志下》说："汉章帝建初七年十月，（公元82年）车驾西巡至槐里，右扶风禁上美阳得铜器于岐山，似酒尊。诏在道晨夕以为百官热酒。"

到宋代时出土的青铜器更多了，在扶风出土了"师鱼父盨"。盨高六寸，口纵五寸半，横八寸六分。体方，两耳有盖，盖器均饰瓦纹，口各饰重环纹一道，盖上饰雷纹，器足饰蝉纹。盖器铭"师鱼父作旅盨"各二行，六字。同铭者二器，出于扶风。《考古图》（三·三六）有著录[1]。

清代至今，周原出土的青铜器就更多了，而且有不少重器，现择要举例如下：

"大盂鼎"于清道光初出土于岐山礼村，该器共有铭文十九行二百九十一字，高101.9厘米。这是迄今为止出土的西周最大的青铜器之一，属康王时代器。铭文内容很重要，共分为二大段，前一段是康王对盂的训诰，说要继承文王的德行，并总结了殷商灭亡的原因是"佳殷边候田（甸）雩（与）殷正辟，率肆于酒，古（故）丧"。第二段叙述了康王赏赐给盂酒一卣、冕衣、车马等物，并"赐女邦嗣四伯，人鬲自驭（御）至于庶人六百又五十又九夫，赐夷嗣王臣十又三伯，人鬲千又五十夫"。这些重要材料后来成为研究西周奴隶社会性质的重要依据。

道光末年，在岐山周原出土了著名的"天亡簋"和"毛公鼎"，两器均有铭文，前者有铭文七十多字，后者为我国迄今所见铭文长篇之王，全铭共四百九十七字，三十二行。该器现藏台北市故宫博物院。

光绪年间（1890年）在周原村出土克鼎、克钟、克镈等器一窖，其中大克鼎高93.1厘米，重201.5公斤，属西周孝王时器，腹内壁有铭文二百九十字。

1942年周原任家村出土铜器一百多件，大部散失，唯禹鼎于1951年由收藏人捐给了政府。该鼎高53厘米，有铭文二百零五字，属西周厉王时器。铭文记载了东方和南方少数民族进攻周室的史实，是研究当时民族矛盾的重要资料。

1975年在岐山周原京当乡董家村出土一窖藏青铜器，共三十七件，其中有鼎十三件、簋十四件、壶二件、盘一件、匜一件、盉一件、鬲二件、盨一件、豆二件。有铭文者共三十件，最长有二百零七字的。著名的卫鼎、卫盉、卫簋、朕匜等器物都出土于该窖藏。卫盉，高29厘米，盖内铭文一百三十二字，记载了裘卫以玉器和礼服换取一千三百亩田的事。这种史料表明到西周共王时期土地交换已是十分流行，也说明我国的原始法律文书此时已诞生。对这些问题，学术界讨论十分热烈，林甘泉发表文章说"其中卫鼎甲、乙和卫盉的铭文，记载了周共王时期奴隶主贵族之间出租和转让土地的事实，为我们研究西周土地关系的变化提供了十分重要的资料"。并认为"在邦君厉那里，对土地的私有权还处在一种萌芽的状态。土地私有化的历史过程已经开始，但它还没有改变奴隶主的土地国有制的本质"。"就这两件铭文所记载的土地的封建租田关系具有完全不同的性质。因为它是发生在奴隶主贵族之间的经济行为，而与耕种土地的劳动生产者并无直接的关系"。但是他又认为"土地用来交换或转让，这是奴隶主土地国有制遭到破坏和土地开始私有化的重要标志"。"卫鼎乙的矩伯把林音里送给裘卫，这林音里很可能就是他的采邑。而从铭文的记载看来，他们之间的授受，并没有经过周王室认可，这说明，周天子作为最高土地所有者的权威，在某些情况下已经受到了动摇了"。他得出结论："随着奴隶主土地国有制的破坏和土地私有化过程的发展，我们可以看到西周社会内部正在孕育着一场历史性的变革。"[2]

同时学术界对朕匜铭文的研究也发表了不少论文，程武的《一篇重要的法律史文献——读朕匜铭文札记》是当时的代表作之一。他在论文中提出，西周存在着成文的法律和系统的刑罚，突出地显示了奴隶制国家的特征和本质。如判词中除鞭刑和罚金外，墨刑就有两种，一种是免职的墨刑；另一种受墨刑后还要以黑巾蒙面。黑巾蒙面并不是象征，而是受刑的罪隶的标志，所以重于前一种墨刑。伯扬父对这件案子的处理，是依据奴隶的刑典判决的，处罚也适合对牧牛这种人身份和地位的有关规定，连判词都有一定的格式。就诉讼程序说，也是完备的，最后还有结案书。这件铜器说明，周王朝本身就是一个暴力机器，并同各诸侯国组成奴隶制的权力体系。无论从哪方面看，所谓我国古代奴隶制是"不成熟的"、"不发达的"以及类似的说法，都是站不住脚的。这件铜器就从一个侧面说明，我国古代的奴隶制是有别于古希腊、古罗马的另一种发达的形态，但也是一种正常发展的形态[3]。

古文字专家唐兰专就董家村这批铜器铭文中的裘卫四器、朕匜、卫簋等七篇铭文作了译文和注释[4]。

关于西周社会性质问题，本来在历史学、考古学界存在二种意见，即以范文澜为代表的封建制社会说和以郭沫若为代表的奴隶制社会说。故岐山董家村这批铜器铭文的问世，无疑对这种分歧意见是很好的实物证据。引起各方重视，特别是学术界的重视是在情理之中的。加之当时在陕西临潼县零口乡又出土铜器六十件和铜车马饰九十一件，尤为重要的是在五件西周铜礼器中有一件利簋，更为轰动学术界，该簋底部有铭文四行，三十二字，其"珷征商，佳甲子朝，岁鼎克昏耳，夙又商"句，明确记载了周武王克商的时间，但就这段话学术界意见也不一致，唐兰认为，这里所记的周武王伐商的时事，其时间可能是公元前1075年，这段历史，古书记载很多，但在青铜器铭文上还是第一次看到，可以作为这次战役的实物证据。他在解释这篇铭文时说："周武王征伐商纣，甲子那天的早上（太阳出来后到早饭前），夺得了鼎，打胜了昏（指商纣），推开了商王朝，第八天辛未，武王在阑师，把铜赏给有司利，利用来做檀公的宝器。"他把"岁鼎"释成"戉（越）鼎"[5]。

与此同时，于省吾也发表了《利簋铭文考释》一文，他说，本铭文是周初金文中叙述武王伐商的唯一珍贵史料。其他周初金文对于武王伐商，都是后来或后世追叙。他释"岁鼎"为"岁贞"。他也说"关于武王伐商之年，异说分歧"，并认为"克商之年月日，当为武王十二年一月一日"[6]。

不久，张政烺对该簋铭文作出解释："岁鼎，岁，岁星，即木星。鼎，读为丁，义即当……可见此鼎字不作贞卜讲。"又说："'岁鼎'意谓岁星正当其位，宜于征伐商国。"[7]

由以上情况，说明出土的西周铜器铭文是解决历史悬案的最好实证。

为便于查阅有关资料，下边就周原地区出土的青铜器，择要列表如下（表一）：

表一   周原出土西周青铜器略目表

次序	主要器名及件数	时代	出土时间和地点	现藏	著录	备注
1	尸臣鼎	西周	西汉宣帝神爵中（公元前61—前58年）于扶风美阳			见《汉书·郊祀志下》
2	酒尊	西周	东汉章帝建初七年（公元82年）于美阳岐山			见《宋书·符瑞志下》
3	师鱼父盨毛伯簋等	西周	北宋出土于扶风		《商周彝器通考》	
4	大盂鼎	康王	清道光初（公元1820年）出土于京当礼村	中国国家博物馆	《商周彝器通考》	铭文十九行二百九十一字
5	小盂鼎	康王	清道光初（公元1820年）出土于京当礼村	中国国家博物馆	《西周铜器断代》（四）	铭文长达三百三十余字
6	大丰簋	武王	清道光末年（公元1821—1850年）出土于岐山	中国国家博物馆	《西周铜器断代》（一）	
7	毛公鼎	宣王	清道光末年（公元1821—1850年）出土于岐山	台北故宫博物院	《商周彝器通考》	铭文三十二行四百九十七字
8	大、小克鼎克钟等一百二十余件	夷王和厉王	清光绪十六年（公元1890年）出土于法门任家村	中国国家博物馆	《两周金文辞大系图录考释》	大都散佚，其中大克鼎重达四百零三斤
9	赞母禹	西周	光绪初出土于岐山北乡		《续修陕西省通志稿·金石志》	

次序	主要器名及件数	时代	出土时间和地点	现藏	著录	备注
10	孟辛父鬲	西周	光绪二十五年出土于岐山		《商周彝器通考》、《陕西金石志》	
11	函皇父诸器、伯鲜诸器等百余件	幽王	1933 年出土于今法门康家村，又说岐山青化镇	陕西省博物馆	《两周金文辞大系图录考释》、《陕西省博物馆文管会藏青铜器图释》	出土时间分两次，一次在清季（约公元 1870 年前后），另一次在 1935 年
12	梁其鼎、梁其壶等	宣王	1940 年出土于今黄堆任家村	陕西省博物馆	《两周金文辞大系图录考释》、《陕西省博物馆文管会藏青铜器图释》	大部佚
13	禹鼎等百余件	厉王	1942 年出土于今黄堆任家村	陕西省博物馆	《两周金文辞大系图录考释》、《陕西省博物馆文管会藏青铜器图释》	大部下落不明
14	康季鼎	康王昭王	1944 年前出土于今京当周家桥	陕西省博物馆	《考古》1964 年第 9 期	原器重三百斤以上
15	匍敦簋	西周	解放前出土于今京当乡	岐山县文化馆		
16	虢仲鬲	厉王	解放前出土于今京当乡	宝鸡市博物馆		

次序	主要器名及件数	时代	出土时间和地点	现藏	著录	备注
17	外叔鼎	周初	1952年出土于今京当董家村	陕西省博物馆	《文物》1959年第10期	重达三百九十七斤
18	父巳鼎等器五件	西周	1953年出土于今京当礼村	陕西省博物馆	《陕西省博物馆文管会藏青铜器图释》	
19	立戈甗、门卣	周初	1955年出土于今京当贺家村	陕西省博物馆	《陕西省博物馆文管会藏青铜器图释》	
20	弦纹鼎等十九件	周初至中期	1960年出十于法门召陈村	陕西省博物馆	《文物》1972年第6期	
21	几父壶等三十九件	西周	1960年出土于黄堆齐家村	陕西省博物馆	《文物》1961年第7期	
22	尹丞鼎、史速方鼎等九件	康王	1966年出土于京当贺家村	陕西省博物馆	《文物》1972年第6期	
23	牺尊	周初	1967年出土于京当贺家村	陕西省博物馆	《考古》1972年第1期	
24	饕餮纹觯等四件	周初	1972年出土于京当刘家村	岐山县文化馆		
25	平沿鬲	西周晚期	1972年出土于京当乔家村	岐山县文化馆		
26	乳钉雷纹鼎、提梁卣等十三件	武、成、康、厉、宣	1973年出土于京当贺家村	陕西省博物馆	《考古》1976年第1期	为周墓出土物
27	高足杯等三件	商	1973年出土于法门	扶风县文化馆	《文物》1978年第10期	

续表一

次序	主要器名及件数	时代	出土时间和地点	现藏	著录	备注
28	云纹鼎、素面觯	周期	1974 年出土于京当贺家村	岐山县文化馆		
29	师𩵋鼎、师奯钟等七件	西周	1974 年出土于黄堆强家村	陕西省博物馆	《文物》1975年第 8 期	师𩵋鼎重二百一十斤,铭文一百九十七字,师奯钟重一百八十斤
30	朕匜、卫簋等三十七件	穆、共、厉	1975 年出土于京当董家村	岐山县文化馆	《文物》1976年第 2 期	其中三十件有铭文,最长的有二百零七字,记有土地出卖、诉讼等事
31	戭方鼎等十九件	西周	1975 年出土于法门庄白村	扶风县文化馆		
32	白多父盨等九件	西周晚期	1976 年出土于黄堆云塘村	周原博物馆	《文物》1978年第 11 期	
33	史墙盘等一百零三件	西周各期	1976 年出土于法门庄白村		《文物》1978年第 3 期	其中七十四件有铭文,史墙盘铭文达二百八十余字
34	㝬似簋等五件	西周晚期	1976 年 12 月出土于法门庄白村		《文物》1978年第 11 期	
35	白宽父簋等五件	西周中、晚期	1978 年出土于岐山凤雏村	岐山周原博物馆	《文物》1979年第 11 期	
36	厉王胡簋	周厉王	1978 年出土于法门齐村	扶风县文化馆	《文物》1979年第 4 期	为我国最大的铜簋,有铭文一百二十四字

由上表可以看出，周原自古以来是青铜器的重要出土地区，而这些青铜器不论从数量、质量，还是历史、艺术价值方面都是空前的。

2. 1976 年以来周原青铜器的发现与研究

（1）青铜器窖藏的发现与清理发掘

周原考古队进驻周原前后，在周原共发现青铜器窖藏十余处，全都是农民发现的，现择要叙述如下。

1976 年 12 月，在陕西扶风县法门乡庄白大队白家村南 100 多米的坡地上，发现了青铜器窖藏。这个窖藏南北长 1.95、东西宽 1.1、深 1.12 米。窖口距地表最深 45 厘米，最浅处 26 厘米，窖口开在耕土层下的西周文化层，在窖藏周围未扰乱，保存完好。该窖藏挖得很草率，只是在四壁略加修整，在器物间放了些草木灰，以防锈蚀。从整个埋藏地点的地形分析，这里的地势较高，原窖藏埋得较深，由于长期水土流失，加之农民耕种，致使窖口距地表很浅。为了进一步搞清该窖藏的埋藏情况，1977 年春季在窖藏的周围再次进行了调查和试掘。在调查中发现窖藏南 60 多米处，有一排南北向的石柱础，共六个，间距 3 米左右。在这排柱础西边的西周文化层内出土有西周时期的铜削、骨铲、蚌壳、带锯痕的骨料、绳纹陶片和散瓦等。在紧靠窖藏的西边和北边，发掘了 350 平方米，得知耕土层以下 10—20 厘米为唐宋扰乱层，再往下为西周文化层，内含西周时期的红烧土堆积、白灰面墙皮、绳纹板瓦和绳纹陶片。可以辨别的器形有西周晚期的鬲、簋、罐、盂、瓮等，所有这些说明该窖藏埋在住宅附近，是在西周晚期开挖的。

　　窖内器物安置十分有序，四角各竖放一个大铜壶，内装觚、爵、斗、铃、鬲等小件铜器。中间三层由上而下，上层分别放置大编钟三件，在编钟周围放盘、釜、簋、尊、盨（图二三）、罍、觚等。中间的编钟内放铜尊一件。中层的中间放大编钟三件，每一编钟内套小钟一件，在其四周空隙放置簋、簋盖、鬲、豆、方彝（图二四）等。在方彝内又装方鬲一件，方彝盖另放一侧，并在窖藏南端倒放贯耳壶、觚等器物。下层的中间，东西放编钟一排，三钟相套，在空隙处放方座簋四件，在主座下和簋腹内放有小鬲、卣。尊放在窖藏南端。在这些器物之间和窖藏底部四周都填满了草木灰，看来主人想在重返家园时完好无损地重新启用这些重器。

图二三　扶风庄白村窖藏出土的西周青铜盨

图二四 扶风庄白村窖藏出土的西周青铜方彝

该窖共出青铜器一百零三件，计有鼎一、方鬲一、鬲十七、簋八、盨二、豆一、釜二、觥一（图二五）、觚七、盘一、匕二、尊三、卣二、方彝一、斗一、壶四、贯耳壶一、罍一、爵十二、觯三、斗四、钟二十一、铃七，共二十三种不同类别的青铜器。其中有铭文的共七十四件，铭文少者一字，长者达二百八十四字。除此外，在窖藏内还出土玉器七件，蛤蜊二件。

这批铜器铭文中记载的人物很多，其中仅作器者就有商、旂、陵、丰、墙、痶、盂、伯公父八人。作器时代起于西周初，迄于西周晚期。器物造型浑厚美观，纹饰富有变化，十分

图二五　扶风庄白村窖藏出土的西周青铜折觥

精美，是研究西周历史、青铜艺术、青铜器分期和我国古文字考释及其书法艺术等不可多得的重要实物资料，它一出土就引起了国内外学术界的关注和重视，有大量的研究论著问世[8]。

一号窖出土的一百零三件青铜器种类计有二十三种之多，重共达 1449 公斤，其形体都很大，其中三年痶壶高 65.4 厘米，可以说是迄今发现西周的最大壶了（图二六、二七）。这批铜器中有七十四件铸有铭文，其中墙盘的铭文长达二百八十四字，是解放后出土铭文最长的一件（图二八、二九）。

继扶风庄白一号青铜器窖藏的重大发现之后，在该村西北土壕断崖上又发现了一处西周青铜器窖藏，编号为庄白二号。经发掘清理，出土青铜器五件，计有甗、匜、盨、簋、簠各一件。其中三件有铭文。该窖呈梯形，上口大，口径长 96、宽 60、底长 80、宽 56、深 98 厘米，并打破了一个西周晚期的灰坑。窖内填满了五花土，铜器放置无序。在窖藏北 10 米处，有一个大灰坑，坑内堆积有西周时期的板瓦。看来该窖藏仍在建筑附近，当是另一家族所藏[9]。

继扶风法门乡庄白二窖青铜器出土后，于 1978 年 9 月，在岐山县京当乡的凤雏村，又发现了一窖西周青铜器，在窖藏四周发现多处灰坑。

窖藏位于凤雏村西约 200 米，南距 1975 年董家村出土的三十七件青铜器窖藏约 500 米，西南距凤雏村西周甲组宫室（宗庙）建筑基址约 200 米。窖藏所在地的地面与凤雏村西周甲组宫室（宗庙）建筑基址位于一个台地平面上，属有意埋藏。

窖为长方形，南北长 0.65、东西宽 0.53、深 0.5 米。窖

图二六　扶风庄白村窖藏出土的西周青铜壶（三年㽙壶）

图二七　三年疾壶铭文拓本

内四周经修整，四周略呈椭圆。这里原地势较高，从附近保存
的断崖分析，厚约 1.1 米的土层已被揭去，所以窖藏原深当在
1.5 米左右。

窖内共出青铜器五件，计鼎一、簋一、甗一、盨二。放置

图二八　扶风庄白村窖藏出土的西周青铜盘（墙盘）

图二九　墙盘铭文拓本

有序，甋横放，内装鼎，东侧置盨和簋[10]。

　　1977 年 8 月，于扶风县黄堆乡云塘村南的何家沟崖边，发现西周青铜器窖藏一处，出土了著名的伯公父簠一件（图三〇、三一），该簠的底盖成套，底与盖的形制、大小、纹饰相同，底、盖内各有铭文六十一字，内容相同，并把簠写作

"盠"，引起了学术界的关注[11]。

　　1978 年 5 月 5 日，扶风县法门乡齐村修陂塘时，出土厉王胡簋一件，该窖藏位于陂塘西北距地面 3 米深的一个灰坑中。该簋通高 59、口径 43、腹深 23、最大腹围 136 厘米。双耳、有珥、耳长 43、宽 18、厚 5 厘米，两耳间最大距离 75 厘米。器身下为方座，座长 45、高 21 厘米，重 60 公斤，是迄今已发现的西周铜器中最大的簋，全身纹饰精美，腹和方座饰直棱纹，方座上部四角饰兽面纹。腹底有铭文十二行，一百二十四字，铭文明确记载是周厉王胡所作之器（图三二、三三），这是目前最明确的一件西周王器，看来周原地区埋藏有王器是不容置疑的。随着考古工作的深入开展，更多的西周王器很有可能在周原出土。20 日，在胡簋出土地的西南 25 米处，又出土了一件青铜簋，腹底有铭文十八字，为沣国邢叔所作，其时

图三〇　扶风云塘村出土的西周青铜簋（伯公父簠）

图三一 伯公父簠盖铭文拓本

图三二 扶风齐村出土的西周青铜簋（胡簋）

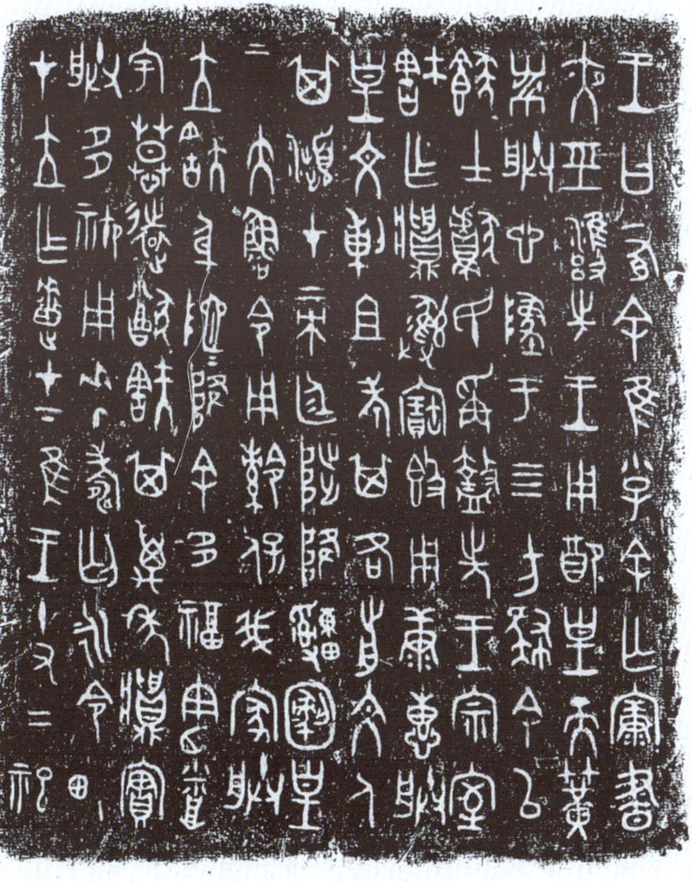

图三三　胡簋铭文拓本

代与胡簋同属西周晚期[12]。

　　1979 年 8 月，扶风县法门乡齐村陂塘出土了一件极为稀有的四鸭鼎，这件鼎形制造型别致，口沿四角矮柱上各饰一双能转动的圆雕鸭子，栩栩如生，并伴出车马器三件^[13]。

（2）青铜器窖藏的研究

关于扶风庄白村青铜器窖藏的意义问题，国内外学者都作
了充分的估计，有的从青铜的制作艺术、标准器件的断代，有
的从青铜铭文的考释、解史、书法艺术等方面加以论述，肯定
其意义。1978 年唐兰在《文物》杂志发表了《略论西周微史家
族窖藏铜器的重要意义》一文。他说，扶风庄白大队新发现
的西周窖藏铜器一百零三件，有铭文的七十四件，包括西周前
中后三期，是微史家族遗物。这样完整的未经破坏的窖藏是前
所未见的。除铜器的形制、纹饰外，铭文方面也有很多重要资
料^[14]。同年，李学勤发表了《论史墙盘及其意义》一文，指
出："史墙盘的发现，增加了一件共王时代可靠的标准器。白
家村这座窖藏，包括史墙一家几代先后制作的器物。以史墙盘
为基准，将窖藏青铜器系联排列起来，就能为西周青铜器分期
树立一个难得的标尺。这在青铜器研究以及西周考古上有很重
要的意义……史墙盘铭文对于西周历史的研究，也是珍贵的史
料。"^[15]裘锡圭不仅对史墙盘铭文作了详细的考释，并指出其意
义时说，史墙盘铭文是解放后发现的字数最多的一篇西周铜器
铭文。它在西周的历史、政治制度和社会经济等方面都提供了
重要史料，价值是很高的。从文字学的角度看，盘铭也很重
要，例如盘铭"鰥"、"䚕"二字，就可以纠正长期以来对甲
骨文里这两个字的误释，最后还应该指出，盘铭的文体也非常
值得注意。前面已经讲过，盘铭的前半篇和后半篇的某些句子
是有韵的。此外，盘铭还特别喜欢用四字句，有时甚至为了凑
成四字而不大顾到语法。更有意思的是盘铭中还出现了一些对
句或接近对句的句子，如"逖虘、兦、伐夷、童"，"广笞楚

荆，唯贯南行"、"刑帅于谋，钟宁天子"等，似乎可以说，这篇盘铭是已知时代最早的一篇带有比较明显骈文味道的作品[16]。

此外，史墙盘铭文前半部分对文、武、成、康、昭、穆、共七个西周前期王的业绩作了评估和追述，有些是史书没有记载的内容，显得更为宝贵。这种系统的称颂王业的长篇大论，在迄今所见青铜器铭文中实属首次，其他铭文虽有类似这种称颂，也仅指一二个王而已。

此外，从史墙盘的后半部分和同出的其他器铭，如痶钟、折觥、丰尊等器的铭文可考订出微氏家族七代世系。这也是空前的发现。李学勤对此作了深入的专门研究，他把这批器物主人和青铜器不同类型的序列，按时代即王年先后排出来。这样就为解决青铜器的时代问题找到了标尺。他从墙盘等铭文联系起来加以综合考察，把微氏家族排列为七代，即从高祖、烈祖、乙祖、亚祖祖辛（折）、乙公丰、丁公（墙）到痶器四十三件。他结合 1974 年在扶风强家村发现的七件青铜器形制、铭文进行考察，把晚清以来出土的有关铜器进行了断代，认为昭王时期青铜器包括"安州六器"、趞、作册睘、作册折、商、令、召等器，仍属于西周早期的范畴。西周中期青铜器的范围是穆、共、懿、孝四王，穆王时期以孟簋、班簋及丰、伯戜诸器为标准器，共王时期以史墙盘、师虎鼎等为标准器，有井伯、内史吴及有关青铜器属懿王时，有宰智、司马收、史年及有关青铜器属孝王时。夷王时期青铜器，例如史颂诸器，已属于西周晚期的范畴了。他还指出："西周中期青铜器的下限应划在孝夷之间。"[17]

刘启益在 1978 年发表了《微氏家族铜器与西周铜器断

代》一文，他认为，目前肯定的五十五件微氏家族铜器，都是属于第四代人到第七代人的，可以前后连续四代人的西周铜器群，在过去是没发现过的，这对西周铜器断代研究，提供了极其重要的资料。在以往著录过的铜器中，有些铜器的铭文，与微氏家族铜器铭文记载的历史事件、人物，或者相同，或者有直接的关系，而对这些铜器的制作时代，过去曾有不同的说法。由于微氏家族铜器的出土，这些问题就豁然明确了。他还认为作册折这一组铜器应为康王时制作。其中痶盨记载的人物，与师晨鼎、谏簋记载的相同，它们可以起到互相校订年代的作用。他据痶盨铭文"隹四年二月既生霸戊戌，王在周师录宫，司马共右痶。王乎史年册锡"的记载，与师晨鼎、谏簋、望簋、太师虘簋的铭文比较后说，在司马共组中，师晨鼎、师俞簋、谏簋的时代，有懿王和厉王两种说法。由于微氏家族铜器的发现，这个问题就进一步明确了……司马共组应定为懿王时器。望簋过去定为共王时器，应该改定为懿王时器，……太师虘簋的时代，也有懿王和厉王两种说法，现在也可以肯定为懿王时器了[18]。

伍仕谦撰写的《微氏家族铜器群年代初探》一文，不仅考订出这一百零三件青铜器为微氏一家所有之器，而且从青铜器以往断代的论点剖析，认为铜器的花纹、形制、铭文、字体以及人物、地名、官职、赏赐物等等条件，都不是绝对可靠的，应该细心分析，多做比较，铭文与花纹、形制互相结合，不可偏重，才可能得出比较正确的结论。如果把每个器的制作年代大体搞清楚，并以之作为检验其他不知年代铜器的标准器，那么对于西周一代的铜器断代都是有很大参考价值的。微氏家族铜器群的发现，给西周铜器断代提供了重要的参考资料。根据各器的形制、纹饰、文字风格等，和其他铜器比较研究，可以为铜器断代整理出一条线索，提供断代的标准尺度。这些铜器铭文，提供了许多西周历史资料。周穆王以后共和以前这一段历史，就文献资料说，可以说是空白。现在这些铭文，就可以补充。他从朝觐礼仪，周王室官僚机构的庞大，周共王以后王室衰微、对外战争，周王赏赐臣下实物的种类，王室大臣对私有土地买卖、转让、交换、田产纠纷的处理，农耕土地的经营方式，周文化的发展，共王时青铜冶铸工艺器形以及对商文化的继承等方面作了探讨[19]。

黄盛璋认为一百零二件铜器毫无散失。微族各代之器的作者、世次和年代有可能根据器铭的内在联系与器形纹饰间的关系加以推定。铜器如此众多，内容这样丰富，时代连贯而又具有推排基础，都是前所未有的。微家族铜器北宋就已有几件出土，有些虽非微族铜器，但和它们有联系。还有些问题过去有争论，这次都因它们的发现而获得解决。他还具体提出作日丁尊和卣是第一次找到的先周的标准青铜器，纠正了斝、爵只流行于殷及西周早期的说法，证明斝至少可延到西周成康，爵可延到共王，觚至少可到西周早期。这是第一次打破旧有的观念。另外，他指出器铭对西周地理一是补充史籍所不载的地点、方国，如句陵、望土、相候等，二是解决关中眉的来源与眉和微家族的关系，三是旅器王在斥，与贶望土于相候的地望，根据相关器铭地名寒和禴的联系，可确定在殷旧都以东的黄河两岸。这对于同样残缺的西周地理也是非常重要的[20]。

关于周原出土的青铜器在补史、证史中的研究，史学界、考古学界做了不少有益的研讨。史墙盘铭文对西周前期七个王的业绩评述，既印证了史书之记载，又弥补了史书记载缺漏。

关于这一问题，学术界从考古资料、文献记载结合前人研究成果提出了不少新颖的见解。如对文王、成王、康王一直到共王事迹的概括性评价，印证了史书的记载。如昭王的事迹，墙盘铭说："宖鲁邵（昭）王，广能楚荆，佳箙（狩）南行。"这印证了《竹书纪年》昭王"伐楚荆、涉汉"、"丧六师于汉"和《史纪·周本纪》"昭王南巡狩不返，卒于江上"的史事，但盘铭没有说失败致死之事，而是对昭王南巡征楚荆的战争作了肯定，还颂扬了昭王的能干和武功。这为研究昭王增添了新材料。又如盘铭对武王的功绩记载说："（翻）圉武王，遹征四方，达殷畯民，永不珙狄虘，完伐尸童。"这段话既印证了史书记载的武王伐殷的功绩，又补证了武王伐殷后还征服了狄虘之国（狄虘即翟祖），以及武王征伐东夷童之事，无疑这较《逸周书·世俘解》所说武王伐殷后"遂征四方，凡憝国九十九……凡服国六百五十有三"的无国名的记载要真实的多。另外武王伐夷童之事，文献记载也缺，这些都是补史之处。再如盘铭对文王的评述也是一例，盘铭说："曰古文王，初敕（善也）龢（和也）于政，上帝降懿德大粤，匍有上下，迨受万邦。"这与《诗经》、《书·康王之诰》、《书·金滕》、《史记》等书的记载是一致的，都是证史的实物例证。

将墙盘等七十四件的铜器铭文联系起来，可以复原古微国七代世系。学术界对古微国的政治、地理虽有多种研究成果，但是像盘铭等器能理出七代世系的人名及其活动情况，在史书中是从无记载的。同时史书对古微国地望的记载也众说纷纭，或说是微子启之微，或说山西之微，湖北之微，或说陕西之眉之微。这批铜器的出土对进一步研究古微国之地望及其政治上与周的关系，无疑是重要的资料。尽管目前学术界对盘铭中的微氏家族地理仍有歧异，有的说在山西，有的说是陕西之眉等，随着考古资料的再补充，这个问题将得到较快的解决。唐兰认为微氏家族是西周中期的新兴农业奴隶之一，他据痹钟铭的"周公舍宇，以五十颂处"句分析说，颂等于十个方里，五十颂是五百个方里。方里而井，井九百亩，一夫百亩，就有四千五百个农业奴隶。……在当时大概是一个中等奴隶主。墙盘说他父亲，农穑越历，是指经营农业。周代本以农业开国，昭王、穆王连年远征，大奴隶主大都拖垮了，因此贵族奢侈淫逸，不愿搞农业，大片土地荒芜了，经济萧条，社会动荡。但一部分中小奴隶主则由于经营农业而致富，土地少，就向贵族们去租，周王朝对此是支持鼓励的。这时的农业经济发生剧烈变化，微氏家族就是这一变化时期中的新富人[21]。

古文字考释方面的研究，至目前为止，对墙盘铭文的考证，讨论十分热烈。如墙盘铭文中的"蠿围武王"句的第一字，不仅解释不一，隶定也不同，李仲操隶定作"蠿"，唐兰隶定作"鬶"，裘锡圭隶定作"蠿"，读为讯，讯与迅古通。徐中舒也隶定作"蠿"但其说与裘不同，他说："仍当读为索，索，绳索，古用以丈量土田疆界。"李学勤隶定作蠿并说"应即'缒'字"。而单周尧则隶定作"鬶"，他认为："由于鬶字的偏旁有这种收丝之器，我怀疑这偏旁就是像治丝的'鬲'字的一种异体……在这里读作嗣。"[22]正如徐中舒所说："此铭（指墙盘）之可贵，除提供的新史料外，对于古文字的认识也有启发作用……我们从过去未被认识的古文字中，取与此铭有关的词句贯通全文，定其训读，可以得到合理而可信的解答。"他举了四例说明以前释读不确之字，由于墙盘铭词句前后贯通，对照比较即可解释清楚了[23]。他举例说"上帝司量"之"量"以前不明白，但此释朝是可信的，又如"贲屯元谏"之"谏"，以前在盂鼎、召伯虎簋中都有，但都不知其训读，"现在知此与责字并从朿声，当释为谪"。再如剢不能作为形声字处理，是缴械投降的会意字等。

关于铜器形制、纹饰方面的研究。同样引起了学术界的高度重视，有的器形在时间上大大延长了，有些器形非常别致精美，纹饰也极其繁缛细腻，体现了劳动人民的智慧，如刖刑奴隶守门鼎、折觥、痍壶等，有的器形是少见的。它们的纹饰都是高度发达青铜艺术的装饰，也是不多见的。黄盛璋说："鼎过去的所见皆鼎腹密闭，用以盛食物，而加热必在腹下和三足之间，而这次同出有一件小鼎，鼎腹不仅有镂孔花纹，还开了一个长方形门洞，不能盛食物，生火必于鼎内……痍簋八件都带方座，座四面各开六个小孔，也是准备生火之用，方座之设并非全为装饰的美观。"同时，他根据这次出土铜器铭文的内容认为："痍器有一件称为簋，旧称此器形为豆，有二件自称为簋而器形为盨，按伯应父盨自称为'盨簋'证明盨簋同源。今痍器簋、盨同出，而同名为簋，证明盨自簋演变，但盨属懿世，此时尚同名簋未分，盨、簋分化大约就在此时前后，即西周后期。"[24]

1978 年 5 月出土于周原的厉王胡簋，也是学术界十分注目的一件西周铜器，因为这是少有的而且是最大的一件簋，又属王器，通高 59、腹围 136 厘米，双耳，有珥，耳长 43、宽 18 厘米，重 60 公斤，有铭文一百二十四字，其造型、纹饰十分精美[25]。

1977 年周原出土伯公父簋后也引起了学术界的重视，底、盖内的铭文各六十一字，铭文自名簋为"盨"。高明认为琏不是簠的别称，而是簋的误字，瑚与匿之本名是盨，并不是簠。伯公父盨的发现，把经传中之胡、铜器中的匿以及《说文》中的盨互相联系起来，从而可以确定此种礼器的真正名称，当作"盨"或可写作"盨"，而并不是宋人所讲的簠。铜簠也是一种盛饭食的礼器，但不是方形，而作圆形，正如许慎所讲："簠，黍稷圆器也。"其具体形状，上部为一浅腹圆盘，下部作一喇叭形镂孔花纹柱，因与豆形相仿，过去多以豆类视之。据目前资料所见，最早的铜簠出现在西周中叶，像陕西扶风庄白出土的"微伯痋"……过去都归入豆类是错了。应该认为过去释甫为箤的意见是不足信的。甫箤二字声纽虽合，而韵部相隔甚远。又自"白公父盨"出土之后，澄清了盨与簠的关系，那种斗形方器既然自命为盨。而簠必然是与之同名的豆形圆器，非此而莫属。他认为"簠"与"盨"是两种不同的礼器[26]。

刘启益对伯寛父盨铭做了研究，确定了厉王的在位年数是三十七年。关于厉王在位年数历来说法不一，有四十年、有十六年、十二年、三至七年诸种说法，由于伯寛父盨铭的发现和成组厉王铜器的肯定，就可以肯定厉王在位确为三十七年了。我们知道，西周积年是有不同说法的，肯定了厉王的在位年数，对于解决西周积年是有帮助的。同样，肯定了厉王的在位年数，对于解决西周铜器断代问题，是极其重要的[27]。

师同鼎出土后，增添了一件西周晚期之初的标准器。李学勤考证，此师同与1969年在陕西蓝田滨湖镇出土的师永盂铭中的"毕人师同付永厥田"句中之师同是同一人，居地在陕西咸阳北之毕原。从而否定了以往师永盂属西周共王说，推定其为懿王时器。他说，师同鼎这样的鼎，最早只能放在夷王时，再向前移动则是不可能的，所以师永盂排为懿王时器看来更合理一些。同时根据师同鼎铭文中所涉及的民族，李学勤阐述了当时西周北方民族的关系。师同鼎铭文主要叙述了师同从征参加与北方民族"戎"的战争起因和经过等，认为铭中的"戎"，应该就是猃狁一类北方民族。并根据鼎铭所记师同所俘获的金胄等战利器，认为这对研究北方民族即匈奴的历史文化很有意义。师同在一次战争中俘取青铜器一百二十件，足以说明当时戎人生活中已普遍使用青铜器。我们讨论多友鼎时，曾指出戎人不像一些人想象的那样原始，师同鼎在这方面又是一个新证据[28]。

学术界对周原青铜器的研究成果是十分显著的。不过学术界对铭文考释较多、较深，对如何利用这些资料，去剖析当时的历史问题则较少些，有些文字的释读还有待进一步深入，对青铜工艺艺术、书法艺术和冶铸技术的研究也如此。尤其是在冶铸技术方面，如何进一步利用化学、物理测试，寻求其先后技术发展，更有待自然科学界多做些工作。

（二）周原甲骨文的发现与研究

继殷墟甲骨文发现之后，在20世纪70年代陕西周原考古队又一次在周原发现了大批西周时期的甲骨文。

1. 周原甲骨文的发现

在殷墟四盘磨西地发掘出土了一块"横刻三行小字"的卜骨，只是知其"文句不合卜辞通例"[29]，但不知其为何族之物。真正最早确定为西周甲骨的，还是在周人活动的根据地邠县，1951年出土的兽胛臼上半截，"存钻灼十三，皆有兆"。同时出土的还有绳纹陶及石斧等。胛骨臼角未切去，骨背修治得很薄，所以钻处大而浅，灼痕也小。它可能是殷末周初之物[30]。从照片看，先钻凿为圆孔，周人在牛骨上的钻凿皆属此类风格，与殷人相同。

陕西出土西周有字甲骨是在 1955 年，当时陕西省文管会和中国科学院考古所，在长安沣西张家坡村附近的西周遗址清理灰坑十四个，发掘西周墓四座。出土了西周甲骨十三片，其中卜骨九片，卜甲四片，卜骨都钻凿有圆孔，卜甲均为方孔。在两件卜骨上刻有四组用数字符号组成的卦画符号，一度引起了古文字学家的重视和研究，唐兰认为这是一种由一至八数字组成的特殊形式的文字，可能是曾经居住在现沣、镐地域的一个民族（例如古沣国之类）的文字[31]。后来又称其为“奇”字。

周原地区出土西周甲骨最早是在 1960 年，当时陕西省文管会在对周原遗址进行调查后，先后在扶风县的白家村、齐家村、召陈村等地发掘了一批西周墓葬，采集了不少西周时期的瓦类等文物，在齐家村东壕采集到一块西周卜骨，其钻、凿、灼痕都很清楚。这是在周原最早发现的西周甲骨，但未见文字。

1976 年，周原地区举办了两期短训班。第一期田野实习基本摸清了西周建筑基址的大体布局，第二期则把凤雏村西周甲组建筑基址的平面布局基本搞清楚。两期工作出土了不少文物，如鬲、甗、罐、豆、瓮等陶器和玉管、玉削、玉佩和蚌镞、蚌雕、蚌棒等，此外还有青铜镞、杂骨等。

1977 年 3—8 月，整个工地进入了细部清理阶段，H11 号窖藏和 H31 号窖藏都是在这个阶段发现的。我们在清理凤雏基址西厢房 2 号房基堆积在 H11 号窖藏上部的大红烧土块时，发现了一些甲骨碎片。同一地点也曾发现过一些骨片，但包在麻纸里入库了，未被重视。

我们发现这一迹象后，认为与前堂的窖穴一样，除埋藏一些兽骨外，可能一无所有。当然也希望能出些青铜器、玉器之类的文物，至于是否属甲骨窖藏，当时并没有想到。

这个窖藏原位于 T47 探方内，为了彻底搞清里边的堆积，我们就逐层往下挖，挖至 0.75 米深时，堆积的红烧土块逐渐变小，同时出现甲骨、蚌壳、玉器、骨器等，这些文物和红烧土块、墙皮、夯土块等混合在一起，甲骨片也很小，为了一片不漏，我们又用筛子筛出更小的甲片，总想用碎片复原出完整者。

窖穴上部四壁都显现出明显的夯土层，由下向上逐层夯打，夯层薄厚不一，下厚上薄，由下向上夯层厚变为 0.35、0.3、0.25、0.2 厘米不等，总厚达 1.3 米。愈往上夯层愈结实。夯层下为红褐色土，窖穴总深 1.9 米。

土层分六层，除第一、二、五、六层层次分明外，从第三层到第四层基本是各种建筑遗物和甲骨碎片的混合层。

该窖藏形状为长方形，窖口东西长 1.55、南北长 1 米，窖底部东西长 2.98、南北长 1.04、通深 1.9 米。在竖洞式窖底设有东西洞室各一个，在北壁有小龛一个，底挖坑窝一个。东洞室高 1.1、洞口宽 1.95、向东进深 0.83 米。西洞室口高 0.9、宽 0.9、向西进深 0.6 米。北壁小龛口高 0.58、宽 0.39、向北进深 0.5 米。其底部有一坑窝，窝径 0.2、坑深 0.1 米。

有字甲骨是在田野工作告一段落后，在室内整理时才发现的。由于这些碎片上的泥土、水锈较重，我们先用醋酸试洗部分甲片，有甲骨上发现有很小的字，有字甲片发现后，我们又多次反复检视，一片一片地把所有文字甲片重新编号归类入库。

1979年5月的一天，雨过天晴后，笔者和李涤陈同志去工地检查遗址时发现了H31号窖藏。H31的堆积层与H11相仿，为了能找到完整龟甲，我们把含有甲骨片的文化层分为八小层。每层内的甲骨碎片都和红烧土、泥土等混杂在一起，找不到一个平面完整的龟甲，即使在同一个平面也是散乱无章的。除发现甲骨四百一十三片外，还清出完整的蛤蜊壳八个，残片三十片，大部分被火烧为黑色。

该窖清理至0.55厘米处发现原来的边框成长方形，东西长0.75、南北长0.73米。底部西高东低，深1.7—1.73米。上下成筒状，筒壁有脚窝和小龛等，底有一小圆坑。

两窖的发掘清理，共整理出甲骨碎片一万七千多片，其中有卜甲一万六千三百七十一片，卜骨六百七十八片，每片字数不等，少者一字，多者三十余字。有字甲片二百九十二片，合文十二个，计字共九百零三个[32]。

1979年9月7日，扶风县黄堆乡的齐家村农民在平整土地时发现卜骨五片，其中一片有卜辞。9月18日，周原考古队在该村东土壕南边断崖上的一个残灰坑里发现了一块刻有卜辞的龟甲大板（图三四）。我们又在齐家村农民发现甲骨的地点和村东土壕作了发掘清理，以此弄清地层关系和随出文物情况，便于断代。从发掘资料看，该村东壕出土甲骨的地层较为复杂。这里的文化堆积较厚，第一层为耕土层，第二层为唐宋以后的扰乱层，第三层为西周晚期的居住层，夯土和踩踏面清楚，出土有青铜刀和西周晚期的陶鬲、豆、簋等残片，第四层

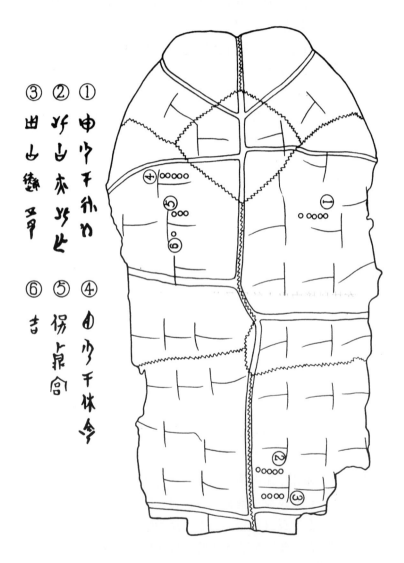

图三四　扶风齐家村出土西周甲骨文（甲片）摹本

是西周中期层，发现墓葬两座、灰坑三个，甲骨就出在该层的3号灰坑内，就在这个灰坑里共清理出甲骨六片及骨锤、骨镞和西周中期的鬲、簋、罐等残陶片。这六片甲骨中一片是牛肩胛骨，五片为龟腹甲，其中三片可缀合为一片，另有一片的骨质和色泽与此三片相似，应属同一个体，这样一来，该坑实际出卜骨一件，卜甲二片，在大甲板上有文字。

在齐家村村北出土甲骨的地点也是一个灰坑。坑内堆积可分上下两层，上层属西周晚期，下层属西周中期的堆积，卜骨就在这一层内。我们清理出四片，连同农民挖出的五片共九片，都是牛的肩胛骨，其中农民挖的一片有文字（图三五），其余都无字。

此外，在扶风的召陈、李家和齐镇等又采集到一些甲骨标本。

在扶风境内出土的甲骨共二十二片，其中五片有字，共九十四字[33]。

岐山、扶风两县境内先后五次发现西周有字甲骨共二百九十七片，计字总共九百九十七个，合文十二个。记载内容十分丰富，涉及面很广，可分为卜祭、卜告、卜年、卜出入、卜田猎、地名、人名、官名、月象、杂卜、八卦等十余类。

这批甲骨的整治与钻凿都有明显的特点。岐山凤雏村西周建筑基址出土的甲骨都经过整治修正，钻凿有方孔、圆孔二种，卜甲大部是方孔，圆孔极其个别。方孔一般呈长方形，平底浅孔，在孔的底部一侧凿一条细槽，平面形状大同小异，有的槽较长，上下超出孔边，有的槽上下稍有突出凿痕，有的四边直而齐，有的孔四边整齐，槽长与孔的对边相等。所凿方孔大小不一，一般长在0.9—18厘米之间，宽在0.7—16厘米之

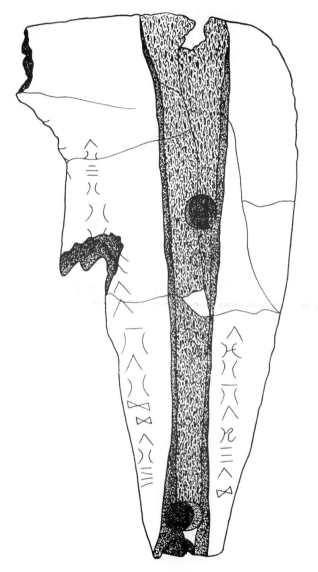

图三五　扶风齐家村出土西周甲骨文（肩胛骨）摹本

间，孔的深浅据甲片的厚薄而异，厚深薄浅。

钻凿圆孔的卜甲很少，约十余片，其槽边与圆孔相切，槽的截面呈三角形。圆孔底部都有弧度。一般孔径在 11 厘米左右。

卜骨皆钻圆孔，孔壁有垂直与错叠二种，底面有平面和微弧二种。槽在孔内底部近 1/3 处，槽宽 0.15 厘米左右，孔径一般在 0.7—12 厘米之间。卜甲凿方孔、卜骨凿圆孔是周人整治甲骨的特点。齐家村出土的甲骨，也是先整治后钻凿和施灼的，卜骨是先把牛的肩胛骨的骨臼和中脊部分锯割掉，使骨壁变薄，与肩胛扇取平，有的加以锉磨，然后在整修的骨面上钻直径 1.3—1.5 厘米的圆窝，又在窝底靠外的一侧凿一竖槽，把灼出的兆纹控制在朝中间的方向。钻孔排列由骨臼附近到肩胛骨都有，卜辞大部刻在正面，有的守兆，在卜兆附近；有的远离卜兆，刻在骨臼附近或肩胛扇的中脊两侧，有从肩胛扇一端向骨臼一端竖刻的，也有横刻的。以肩胛骨一端为上，骨臼一端为下，可能是西周甲骨的又一特征。卜甲以比较完整的一块为例，先钻凿几行竖槽，再用平口凿或半圆凿自里面向外凿槽，将内侧铲去，使甲板变薄。凿孔大部分是方孔，卜甲上的卜辞在兆纹附近，从两边向中缝对刻。卜骨的灼点都很小，烧灼较轻，一般为黄褐色小圆点。而卜甲的灼点则较大，烧灼较重，有的整个凿孔都是焦黑的。这是由于牛骨骨面胶质薄，遇热易爆裂成兆，而龟甲甲面胶质厚，性柔韧，要用火烧烤才能使兆纹爆裂清楚的缘故[34]。

周原大批西周甲骨文的出土，是继殷墟甲骨文后又一重大发现（图三六、三七）。它对我国甲骨文发展史的研究以及对西周政治、经济、军事、文化的研究是一种重大突破和资料补

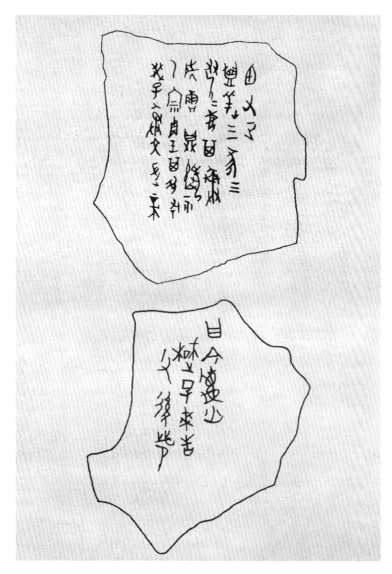

图三六　部分西周甲骨文摹本一

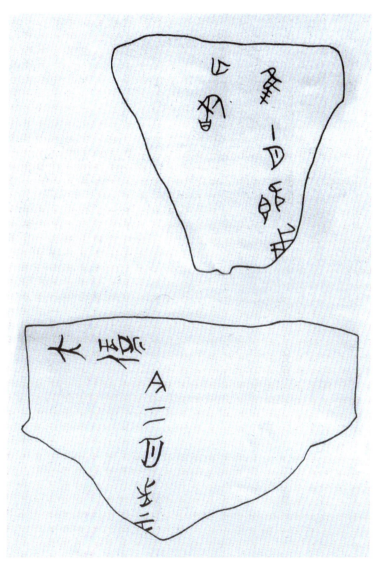

图三七　部分西周甲骨文摹本二

充。这批甲骨文对研究商周关系、周民族文化的渊源、周初周民族的发展、我国微雕史的起源以及周易的形成、数学科学渊源等都具有极其重要的价值。

2. 周原甲骨文的研究

周原甲骨文发现以后,引起了国内外学者的密切关注,至今发表了不少有关这方面的论文。专著有王宇信的《西周甲骨探论》,徐锡台的《周原甲骨综述》,陈全方、陈敏的《西周甲文注》和台湾朱歧祥的《周原甲骨研究》(由台湾学生书局印行)。

各类论著所讨论的问题大体可归纳为文字考释,甲骨族属,断代分期,商周关系,周与周边民族小国的关系,周初政治、官制、地名、动物名的研究以及卦画符号的研究等。

周原甲骨文族属问题的讨论,是在国内外学术界讨论的最为热烈的问题之一。学者们提出不同意见:一是认为周原出土于宗庙龟室的甲骨文全是周人的库存。二是认为大多是武王灭商后从殷移到周原的。三是部分甲骨文是殷人利用周人贞卜的殷人庙祭甲骨,但文中的"王"有的是殷王,有的是周王,要具体分析,大部分是周人的。

第一种观点最早是我们在《陕西岐山凤雏村发现周初甲骨文》提出的,于1979年发表在《文物》杂志上,文中强调了"周确实是殷的附属国,但附属国祭祀宗主国的祖宗,这在文献记载中是没有见过的"。1982年5月笔者在《古文字研究论文集》(《四川大学学报丛刊》第10辑)发表了《陕西岐山凤雏村西周甲骨文概论》一文,文中提到"这种卜甲普遍凿方孔,卜骨只钻圆孔,未见钻凿方孔的现象,是周人整治甲骨的特点,它体现了我国古代整治甲骨的历史阶段性,也反映了周与殷在整治甲骨中的联系和区别"。徐中舒在同期刊出《周原甲骨初论》一文,他进一步论证了周原甲骨的族属问题,他提到文王在周原建立殷王宗庙,在旧史中也有此事例,《史记·秦本纪》记秦昭王五十三年(公元前253年)韩王入朝,魏举国听令。此时韩魏已沦为秦之属国,委质于秦,"称东藩,筑帝宫,受冠带,祠春秋"。此虽战国纵横策士之言,(一见于张仪说韩王,一见于苏秦说魏王)也是他们耳闻目睹的事实。《后汉书·南匈奴传》说:"匈奴岁有三龙祠,常以正月、五月、九月戊日祭天神,兼祠汉帝。"汉宣帝时匈奴降汉,尚在二龙祠兼祠汉帝,这和周文王在周原建立殷王宗庙,在这里与周大臣杀牲受盟,又有什么不同呢?

同意这一观点的徐锡台说,臣属国祭祀宗主国先王是很自然的,至于《周礼》一书是战国时的产物,其中有关祭祀的原则,是否能适用于周初还值得研究。此外,商王先祖与天神并列,《尚书·泰誓》中的周武王讨伐商纣王的檄文,"惟受罔有悛心,乃夷居,弗事上帝神祇,遗厥先宗庙弗祀",也正是把商王祖与上帝神祇并列。周王祭祀商王的先祖,这如同祭祀上天的神灵一样,同样是神圣的。武王宣布商纣王罪行并加以讨伐,就显得出师有名了。周文王祭祀殷商的先王,也是一种重要的斗争策略[35]。

高明认为,从殷周甲骨文的不同特征来看,足以说明周原所出土的甲骨全部都是周族人所贞卜,没有一片是殷王室的遗物。它们有些是周文王被囚居于殷时所贞卜,在周原卜辞中有一部分是随同文王归周时,从殷带回周原的[36]。

涉及到周人祭告殷人祖先的甲骨文,田昌五说:"周人的甲骨文有商王的卜辞,这种矛盾现象应如何解释呢?我认为,这几片甲骨是周人所记商王卜辞，于商王为祭祀卜辞，于周人则为记事刻辞，乃周人记其事以告于自己的宗庙而后归档入库的，周原出土的甲骨几乎全为记事刻辞，这几片也不例外，唯所记乃商王的卜祭而已，周人这样做，是有来由的。"并就有关祭祀商王的甲骨结合文献资料，从历史的角度作了深入的研究，他对 H11：1 作出解释："武王到帝乙的宗庙里，用妲己姐妹为牲，并将少牢之血盛在器里，御祭成汤，表示周已代商受命，结果，其又正，一切顺利……这说明，武王克商之后，曾在商都举行过受命登记的典礼。"既如此，他为什么不能献彝于帝乙宗、祭告成汤、表示他已膺受命革殷，受天明命呢？有人以为"神不歆非类"、"民不祀非族"，商、周族类不同，武王不会献祭于商王之宗庙，殊不知变革之际，当另作别论。何况，周人曾臣服于商，现在告祭于商之先王，表明自己受命革殷，有何不可？如果说这样于礼不合，则武王在商社宣布受命登记，能合于礼吗？武王之所以违反常礼，无非是向殷民宣告，朝代已经更换，今后他们应心悦诚服地臣服于周罢了，否则按常礼行事，武王即使凯旋而归，也无异于默认商朝继续存在，那就谈不上受天有大命了，这样，他也就只能王关中而不能王天下了。因此，这条卜辞是武王克商后的受命之作，班师西归后将之告知于周之先祖，而后存档入库[37]。

第二种观点，即认为周原甲骨大部分是殷人的说法。王玉哲认为周原甲骨"绝大部分是商王室的卜辞"。但他又说："必须承认周原甲骨中也还有一小部分卜甲，确乎是属于周人的……时代应略晚于商王室卜辞。"他的理由是，商周两族在殷商末年民族矛盾极为严重，他们已处于敌对的地位，《古本竹书纪年》曾记载，周文王的父亲王季被商纣王的祖父文丁所杀。纣的父亲帝乙二年，周人伐商。从此，商周两族已构成世仇。周原甲骨到底是出于周族人之手？还是出于商族人之手？这个问题对商周两族的历史关系颇为重大。若认为是周族人的甲骨，就可以把商亡之前的商周两族关系说得极为亲密，若说是商族王室的甲骨，就可以把它说成是商周敌对物证。假若周文王曾祭祀商的祖先成汤，周人求佑于殷之先王太甲，还祭祀商纣的父亲帝乙等。这样一来，商周的关系不但是密切无间，而且两个在历史上不同种姓的异族，居然变成同族同宗了。但是，从中国历史传统上看，这种现象是绝对不可能有的事[38]。

美国加利福尼亚大学伯克利分校历史系教授吉德炜说："在这种特殊的刻辞中，没有任何迹象能够说明这个占卜者是周人。"[39]

第三种观点，认为周原甲骨有些是属于商人的，特别是那些涉及商王名的被祭者。以李学勤、王宇信为代表，理由是，按我国礼制，祭祀的原则是"神不歆非类，民不祀非族，所谓非我族类，其心必异"。周虽然是商朝的诸侯国，也没有必要（或可能）去祭祀商王的祖先。因为周是姬姓，商是子姓，其间没有共同的联系。辞中之王，居处于帝乙宗庙之中，占问致祭成汤之事，他只能是商王。从帝乙有庙看，这位商王又只能是商代末的一个王，即名纣的帝辛。这些卜辞都是在占卜后移来周原的[40]。王宇信把有争议的涉及祭祀商王的甲骨文命名为"周原出土的庙祭甲骨"。他认为："周原庙祭甲骨确为商人之物。"他说："根据以上对古代礼制和宗法制度的分析，可知不仅周人不可能在周原为商王立庙并祭祀商人先王，而且周文王也不可能进入殷都的商王宗庙参与对商王的祭典并占卜。因此，我们认为，周原出土的庙祭甲骨，应是属于商族而不是周人的。"[41]同时李学勤又说："它们的卜法是周人系统的，又有两件提到'方伯'，所以我们还是把它们划为周的卜辞。"[42]

此外，台湾静宜大学朱歧祥持另一种观点，他说："这些甲骨（指涉及殷王祖先的）如认定是周人所刻，即可判断当日周民族的宗教信仰都受制于殷商，故不得不祭拜殷先祖的宗庙，如认为是商人的遗物，则可推断晚商时期史官曾有'奔周'的实况。目前看来，恐怕以后者的可能性较高。"又说，甲骨有可能分别为商人和周人所刻，各具有特殊的习惯用语和文例。属于商所刻的，文辞比较完整而详尽，属于周人所刻的，字形刻写轻率，文句简省。有许多甲骨只单刻一字，可能是周人的试刻或习刻，至少不是属于恭谨的占卜记录……属于商人所刻的甲骨有的记载祭祀商王先祖，例与殷墟卜辞相同，但属于周人所刻的，却鲜见有祭祀周王先祖的例子。商、周之间刻字甲骨的性质不同，而商人所刻的甲骨在当时可能作为一种范文来参考和保存[43]。

3. 关于周原甲骨断代问题的讨论

对周原甲骨时代的探讨也是学界讨论的热点。到目前为止，说法略有差异，诸家都认为是殷末周初之物，但具体涉及哪些是殷末，哪些是西周早、中、晚期之物，则有分歧。

首先是两期说，周原考古队认为这批甲骨文（指岐山凤雏村 H11 窖穴的甲骨文），从字体和内容看，似可以分为前后两期，如 H11：1（彝文武帝乙）、H11：84（其枼又大甲）、H11：68（伐蜀）、H11：110（征巢），似在武王灭商以前。H11：45（毕公）、H11：50（太保），似在武王克商以后，是

否如此也有待于进一步研究[44]，也可以分为属文王时期和武
成康时期的两大类[45]。徐锡台在他的《周原出土的甲骨文所
见人名、官名、方国、地名浅释》一文中也持两期说[46]。

李学勤、王宇信指出了属于帝辛时期的卜辞。李学勤明确
断定"凤雏甲骨的年代上起周文王，下及康、昭，包括了整
个的西周前期"[47]。

笔者根据周原扶风以往出土的丕栺方鼎青铜铭文，把这批
甲骨文最迟时代断为穆王共王时期，同意李学勤所说，卜甲中
还有一个人名，见于扶风出土的方鼎，同出在周原，应该是一
个人。鼎的时代是穆王时期，故该卜甲不早于昭王时期。这很
可能是 H11 甲骨年代的下限了[48]。

王玉哲认为周原甲骨"绝大部分是商王室的卜辞"，"很
可能是在殷商末年商纣王时，掌握占卜的卜人投奔周人时，携
带过去的"。其中只有一小部分是周人的，"时代应略晚于商
王室卜辞"[49]。

徐中舒认为，周原甲骨绝大部分皆为文王时代遗物，武王
时代的卜辞可以肯定的只有三条，也当有成王遗物在内，即
"毕公"、"太保"二片[50]。

周原甲骨的年代大体分期为上边所说三类。王宇信从西周
甲骨中"王"字字形的变化和所载史迹及书体三方面着手，
判断出西周甲骨（主要是周原甲骨）可分三个不同的时期，
即文王时期（主要是凤雏村所出文王"受命"前、"受命"
后，及与文王同时的帝乙、帝辛卜辞）、武成康时期（包括凤
雏及洪赵坊堆村新出甲骨）、昭穆时期（包括周原齐家及北京
昌平白浮所出）。周原凤雏出土二百八十九片有字甲骨，除去
文字不能辨识的四十九片，实际有字可识者仅二百四十片左

右。这些甲骨中，根据上文三个方面的分析，文王时期（包括同时的帝乙、帝辛时期）的甲骨共有二十三片（据"王"字判定十五片，据事类判定五片，据书体判定三片），其余大部分应为武成康时代物[51]。

关于西周甲骨中出现的数字符号的讨论。对此自从陕西沣西出土数字符号以来，在学术界进行了广泛讨论。在此之前，李学勤在《谈安阳小屯以外出土的有字甲骨》一文中说，这种记数的辞和殷代卜辞显然不同，而使我们联系到《周易》的"九"、"六"。这是学术界最早提出与周易有关的观点，该文发表在 1956 年《文物参考资料》第 11 期。1957 年唐兰提出"这既不是殷文字，也不是周部族先世的文字，但可能是曾经住过现沣镐地域的一个民族（例如古沣国之类）的文字"[52]。李孝定对此提出不同的意见，他说："窃疑此乃记氏族世系之特殊标识，为一种太古民族习惯之遗留，至其为用。"[53]

周原出土较多的这类数字卜骨后，又一次引起了学术界的重视和关注。1978 年张政烺在吉林大学提出这种数字符号是八卦卦画符号的说法。他在《考古学报》1980 年第 4 期发表了《试释周初青铜器铭文中的易卦》一文，指出奇数是阳爻、偶数是阴爻，并写出卦名。张亚初、刘雨在《考古》1981 年第 2 期发表了《从商周八卦数字符号谈筮法问题》一文，认为这是"占筮的八卦数字符号"。同年李学勤在《西周甲骨的几点研究》一文中，更明确地论证了这种数字符号是"筮法"，他说："卜和筮是中国古代两种占卜吉凶的方法。卜用龟骨，依卜兆的形状判断吉凶；筮用蓍草，按揲筮得数排列卦爻，从而决定休咎。……'凡国之事，先筮而后卜'，这时为了参照，就可能将筮得的数刻记在有关卜兆旁边，表明其间的关系。估计西周甲骨上的数字符号，都是卜前所行关于同一事项揲筮的结果，与卜兆有参照的联系，却不是由兆象得出来的。"

王宇信对此进一步作了探讨，他认为西周甲骨上的六位数字，当为揲蓍六次的总记录，我们可称之为"筮数"。即使这些筮数就是阴阳爻，但距离创造出以乾坤为首的六十四卦名恐怕还要有一段距离。因为在人们头脑中还没有对立观念的商末周初，是不可如此自觉并如此严格地将这些筮数称为乾、坤等卦名的[54]。

综上所述，周原甲骨的发现确是文物考古界的一件重大喜事，其意义价值是重大的，将对商周关系，周文化渊源，周的政治、经济、军事、文化诸方面研究都是极为重要的实物资料。

（三）周原陶文的发现与研究

1979 年至 1980 年春，周原考古队在发掘清理岐山凤雏村西周甲组建筑基址的东水沟和扶风召陈村西周建筑基址及其东壕时，出土了不少有刻划符号和文字的器物、陶片、瓦片，经初步统计，计约八十四片（件）（图三八）。这批陶文有不少是清洗陶片时发现的，少部分是在发掘出土时发现的。

这些陶片、瓦片上的文字、符号确属不多见的，特别是西周时期的较多。以往发现较多的陶文大多属春秋战国时期，后来秦代考古中发现多了起来，像陕西咸阳秦都宫殿和秦始皇兵马俑坑出土的陶文就更多了。陶文的历史，是古代文字史的一

图三八　周原出土部分陶文拓本

个重要组成部分，从这个意义上讲，西周出土的陶文、刻划符
号无疑是十分重要的。

　　经整理，有文字或刻划符号的器物、陶片，共有三十一片
（件），主要出土于岐山凤雏村西周建筑基址的 4、5、6 号探
方，和扶风召陈村西周中期建筑基址及其东壕沟内。尤其在一

件三足器上有💬和✕（五）字，其五字在前者的上部。同时在该 3 号房基的北边 5 米处的一个灰坑内，出土的残陶篡圈足上端有一周陶文，共七个字，左往右行，为"器叟訳书成为王"，像这样多字的陶文，在西周更属少见。

在瓦片上的文字或刻划符号共有五十三片（件），其中岐山凤雏村西周早期建筑基址 3 号探方的 15 号灰坑内出土三十片，4 号探方出土十一片，5 号探方出土二片。扶风召陈村西周中期建筑基址 3 号房基出土十片（件）。

陶器残片和瓦片上的文字和符号中，文字类又可分为数字、象形、形声等几类，内容十分丰富。

郭沫若早在七十年代就提出半坡出土的陶文符号是字，所以，他把我国文字起源史推断到新石器时代[55]。唐兰则正式提出山东大汶口陶器上的陶文是字，再次明确提出我国有文字记载的历史应有六千多年。于省吾又把西安半坡出土的仰韶文化时期的陶文"X"、"十"、"丨"、"‖"、"丁"、"丰"、"↑"、"↓"、"❦"分别考释为五、七、十、二十、示、玉、矛、草、阜等。同时他把山东莒县出土的龙山文化灰陶尊外部所刻划的"❧"释作"旦"，他说："距今约四千年前后相当于夏代的龙山文化，已经出现了用三个偏旁构成的会意字，由此可以设想，当时已经有了由更早的单体字演化成的复体字。"[56]这说明单体字的渊源就更早了，应追溯到半坡仰韶时期或此以前了。

已出土的陶器文字或刻划符号，迄今为止最早的材料当是仰韶期的西安半坡、临潼姜寨、山东大汶口文化陶尊上的"灵"、"戉"、"斤"等字。

这种陶文到商代有郑州二里冈和南关外出土的数字符号，

有"一"、"二"、"三"、"五"、"七"、"九"等。绝大部分刻在大口尊口沿里边，少数也有刻在其他器物口沿上的[57]。在河北藁城台西商代遗址中出土了十二片陶器残片上的刻划文字，而这些文字是在烧制陶器前就刻在坯子上的，有人认为"台西时期的文字正是殷墟文字的前行阶段"[58]。

据不完全统计，殷墟遗址中出土的八十件陶片、陶器上刻有文字，其中有七十件是单字，大部出土于小屯，有一件出土于大司空村。此外在江西清江县吴城商代遗址中也出土了三十八件有刻划符号的陶器和石范[59]。

到了西周，这种陶器文字和符号就更普遍了（表二）。

总之，陶文的出现比甲骨文还要早，最初大部分属于象形符号，以后逐渐发展为文字，到商周时，它成为我国古文字两大系统的一个方面。它的字体基本与甲骨文、金文相似，不过字体显得草率而已。这当与这些字出于工匠之手有关。

周原出土的这批陶文性质和特点主要有以下几点：首先，较多出现了用数字组合的易卦符号。其次，瓦片上刻的"左"、"右"、"上"、"仲"等字，表明该瓦出窑后具体在房屋陈放的位置所在。第三，这是用瓦地点和制瓦人的人名或族名的表达。像凤雏遗址不少瓦片刻有"周"字，这里的"周"，当指岐周之地名。这与西周铜器铭文和《尚书》等文献资料是一致的。《史记·周本纪》载周人迁居周原后"营筑城郭室屋，而邑别居之"。《集解》案：皇甫谧云"邑于周地，故始改国曰周"。《尚书·召诰》云："王朝步自周，则至于丰。"《康诰》载："周公初基，作新大邑于东国洛，四方民大和会，候、甸、男、邦、采、卫、百工、播民和，见士于周。"《洛诰》载："来相宅，其作周匹休。"《逸周书·世俘解》

表二　我国历年出土陶文简表

序号	出土地点	出土时间	陶文内容	总字数	相对年代	著录	文化性质
1	陕西西安半坡	1954—1957年	丨、刂、丅、「、↓、メ、乙、丷、しへ、〼、廾、ξ、米 等	113（包括重复者）	公元前4800—前4200年	《西安半坡》	仰韶文化
2	陕西邠阳莘野村	1953年	（符号）	1	公元前4800—前4200年	《考古通讯》1956年第5期	仰韶文化
3	陕西长安五楼	1953年	丰	1	公元前4800—前4200年	《考古通讯》1955年第1期	仰韶文化
4	陕西临潼姜寨	1972—1974年	メ、丨、仌、中、米、市、巾、亻、乀、ヘ、ㄱ、∫、乁、小、ㄨ、川、彳、亅、ㄕ、∫、丁、玍、乚、乑、菲、辈、ㄓ、一、然、乀、乄、〇 等	129（包括重复者）	公元前4000年前	《文物》1975年第8期	仰韶文化
5	陕西临潼零口	1972—1974年	丨、ㄳ	2	公元前4000年前	《文物》1975年第8期	仰韶文化
6	陕西临潼垣头	1972—1974年	一	1	公元前4000年前	《文物》1975年第8期	仰韶文化

续表二

序号	出土地点	出土时间	陶文内容	总字数	相对年代	著录	文化性质
7	陕西铜川李家沟	1972—1974年	丨、十、丿、丨、↑、丨、〈、丿丨	23（包括重复者）	公元前4000年前	《文物》1975年第8期	仰韶文化
8	山东莒县陵阳河	1959年	（符号）	4	公元前4300—前1900年		大汶口文化
9	山东诸城前寨	1973年	（符号）	1	公元前4300—前1900年	《文物》1974年第1期	大汶口文化
10	山东宁阳堡头村	1959年	（符号）	1	公元前4300—前1900年		大汶口文化
11	山东城子崖	1930—1931年	丨、十、×、丨丨、十、↑、十、巳、口、廾、山、𠂤、日、丨丨、八、㐄、𐊣、⊠	88（包括重复者）	公元前2500—前2000年	《城子崖》	龙山文化
12	山东赵村	1964年	×	1		《考古》1965年第9期	龙山文化
13	上海青浦县崧泽	1960—1961年	（符号）、山、乁、𠃌、𖹭	6	公元前3900—前3200/2500年	《考古学报》1962年第2期	龙山文化

续表二

序号	出土地点	出土时间	陶文内容	总字数	相对年代	著录	文化性质
14	浙江良渚	1955年	Ⅰ、×、∨、∧、十、Ⅲ、ⅠA、◎、ⅹ、	9		《中国语文》1978年第3期	龙山文化
15	上海马桥	1960—1966年	甲、卫、㐅、⩗、十	5	公元前3800—前2400年	《考古学报》1978年第1期	良渚文化
16	青海乐都柳湾	1974年	（57个陶文符号）	57	公元前2400—前2000年	《考古》1976年第6期	半山、马厂文化
17	甘肃半山马厂	1955年前	Ⅰ、一、川、×、十、○、σ、ζ	10	公元前2700—前2000年	《中国语文》1978年第3期	半山、马厂文化
18	河南偃师二里头	1960—1964年	（24个陶文符号）	24	公元前2000—前1400年	《考古》1965年第5期	龙山文化与商文化之间
19	河南偃师伊河苗湾	1960年	⋈	1	约公元前2400年	《考古》1964年第11期	洛阳王湾第二期文化

续表二

序号	出土地点	出土时间	陶 文 内 容	文 字	总字数	相对年代	著 录	文化性质
20	河北磁县下七垣	1974—1975 年		文 字	2		《考古学报》1979 年第 2 期	商代文化
21	江西清江吴城	1973—1975 年	一期：（陶文符号） 二期：（陶文符号） 三期：（陶文符号）		49 （包括重复者） 73 （包括重复者） 19 （包括重复者）	约公元前 1800 年	《文物》1975 年第 7 期	商、周文化
22	河南郑州二里冈	1953 年	（陶文符号）		41 （包括重复者）	约公元前 1600 年	《考古学报》1954 年第 8 期、《考古学报》1957 年第 1 期、《郑州二里冈》	商代文化

续表二

序号	出土地点	出土时间	陶文内容	总字数	相对年代	著录	文化性质
23	河南郑州南关	1955 年	（陶文符号）	8	约公元前 1600 年		商代文化
24	河北藁城台西村	1973 年	（陶文符号）	26	约公元前 1500 年	《文物》1979 年第 6 期	商代文化
25	河北磁县下七垣	1974—1975 年	（陶文符号）	9		《考古学报》1979 年第 2 期	商代文化
26	甘肃辛店	1923—1924 年	（陶文符号）	13	公元前 1300—前 1000 年	《甘肃考古记》	辛店文化
27	河南殷墟大司空村	1958—1959 年	（陶文符号）	3	约公元前 1200 年前	《考古》1961 年第 2 期	商代文化
28	上海马桥	1960—1966 年	（陶文符号）	47	约公元前 1271 年	《考古学报》1978 年第 1 期	商代文化

续表一

序号	出土地点	出土时间	陶 文 内 容	总字数	相对年代	著 录	文化性质
29	河南殷墟小屯	1928—1936 年	Ⅰ、Ⅲ、Ⅲ、Ⅳ、Ⅴ、Ⅵ、Ⅶ、Ⅷ、Ⅺ、╳、╳╳、十、中、乙、ㄅ、∩、久、∀、刀、ㄅ、大、〆、∀、❀、未、太、長、田、ㄆ、亼、廿、囚、冎、丹、⊗、囡、宀、什、鱼、ㄓ	82（包括重复者）	公元前 1290 —前 1266 年	《小屯》	商代文化
30	河北磁县下七垣	1974—1975 年	十　囝	2	公元前 1290 —前 1266 年		商代文化
31	陕西周原	1979—1980 年	毌、乙、八、三、冂丨、三、示、其、Ⅺ、㕫、余、冊、屮、ᐦ、Ｋ、剑、亇、苔、祸、㠯、盘、盔、吴、娄、主、Ⅲ、ㄔ㕣、八、亖、糸、三、卜、爪、宀、三、⫶、卯、川、ᐧ、乙、七、╳、ㅣ、汪、㫃、个、中、酉、杅、乜、㭺、三、亖、六、㒸、宀、亖、三、吕、畐、X、丩、8	98（包括重复者）	公元前 1122 —前 947 年	其中有十字见《文物》1981 年第 3 期	周文化

说明　(1) 表中所摹陶文内容系摘录，重复者和不清晰者未摹出。总字数约 960 个。

　　　(2) 表中相对年代数据取自张光裕先生所著《从新出土材料重新探索中国文字的起源及其相关的问题》一文。

也载"武王朝至燎于周","燎于周庙","告于周庙"。《孟子·滕文公下》引《逸周书》云："绍我周王见休,惟臣附于大邑周。"而在铜器铭文中的例子就更多了,如"王才周"等。"御正卫簋"铭"遣于四方,造王大祀,佑于周"以及"尹卣盖"铭"隹十又二月,王初居芬,唯还才(在)周,辰才庚申,王饮西宫"中的"周",皆指地名岐周[60]。

　　综上所述,周原出土的这批陶文,不仅是继殷商陶文的传统之作,同时也是春秋战国陶文的发展基础,为研究我国传统的陶文史填补了缺环,也为深入研究西周文化的发展状况提供了很有价值的实物资料。

(四) 周原出土陶制生产工具的研究

　　生产力的发展是每一个社会形态进步的标志。在原始社会,以石器、木棍为工具进行生产,因生产力的低下,人们的所获及其生活是十分艰辛的。到了商周时代,出现了铜器生产工具,虽然它还不能全部取代石器,但比起石器工具来要进步得多,故把社会也推向了奴隶制社会。

　　铜器工具产生的同时,其他生产工具也得到了长足的发展,历年来周原地区出土的许多西周时期生产工具都说明了这点。铜工具是众所周知的生产工具。陶制生产工具主要有纺织工具、渔猎工具、制陶工具、计算工具、农作物、皮毛和木器加工工具、铸铜工具等,几乎涉及到人们生产、生活的方方面面。

　　纺织工具主要有纺轮和纺专两种,纺轮主要用于捻单股细线。纺专用作合拢细线捻合成较粗的线。

　　这种纺织工具在形制上较原始社会末期有了改进。西周时期的纺轮主要有扁圆形和圆饼形两种，中间穿孔。而到西周中晚期新出七棱柱形、蒜锤形、圆柱形、鼓形等多种形状，较前期显得厚重。

　　纺专，常与纺轮伴出，它的形状与"网坠"、"陶球"类似，其重量轻、体积小，起不到"网坠"作用。这种工具以前在学术界，有的认为就是"网坠"之类的工具，王若愚曾经认为在我国新石器时代及商周遗址的考古发掘报告中不见纺专是由于过去我们不识其物，因此定名不确，解释有误。从大量考古发掘报告来看，许多被认作渔具，定为"网坠"以及陶球者，其实就是纺专[61]。周原出土的西周纺专，一种似网坠，两端有槽，便于携线，很轻巧；一种似陶球，亦作缠线用。

　　渔猎工具有网坠、弹丸。这些网坠大部分较重，能沉没渔网，用残陶片制成，呈椭圆形，两端开口，便于网结。弹丸形体较大，都是用泥手制的，不很规整，打猎时用。弹丸都入窑焙烧过。

　　制陶工具主要有陶轮、陶抵手、陶拍等，这时陶轮已普遍使用，并得到了改进。陶轮很重，一般为圆形，中间有轴孔，便于加大旋转力度和惯性力度，陶轮中央成圆凹形，以便加工簋、豆等器皿。轮面施粗绳纹和弦纹。用这种陶轮加工的陶器工艺水平较手制的要高得多，能使器形规整，不走样，器壁薄厚均匀。

　　陶抵手出土于扶风齐家村西周陶窑作坊遗址内，其主要用途是加工陶鬲、斝、盂等陶器足的内部，有的犹如内范。周原的陶抵手主要有两种，一为素面或有绳纹蘑菇状的，另一种为内孔的圆锤形。两种都是泥质。

陶拍也是制陶工具，有把手，主要用来拍平或印花于陶坯。

加工工具也不少，主要有陶瓶、陶刀、陶刮削器、陶凿、陶斧、陶锛、陶印模等。这里的陶瓶，与陶拍类似，有的面刻各种不同的纹饰，有的刻小方格纹，有的刻错乱无序的纹饰，有的刻横四纵七共二十八个方格，方格内刻无序的错乱纹饰，这类器物都出土于西周居住遗址和制骨作坊遗址内，在制陶场所从未发现，据罗西章研究认为这是一种清除污垢的加工工具。它的用途之一就是用来清除骨料或皮革残存的皮、肉、油腻、毛鬃。起着"锉"的作用，使之洁净进而加工成器。用途之二，是锉、磨加工一些木、陶、石、蚌等质料的各种生产工具和生活用具。用途之三，可以用它来对谷物进行搓磨脱粒[62]。

铸铜工具主要有陶范和陶模，大部是铜鼎、鬲等器物的内外范残块。

另外，还有计算工具。这种工具出土于岐山凤雏村西周甲组建筑基址和扶风齐家西周遗址中。此种计算工具以往一般称作"弹丸"，曾经有人误认为是打鸟的工具或是玩具之类的东西。近几年来经学术界研究分析，认为这是我国最早的计算工具。如李培业发表的《关于西周宫室遗址出土的陶丸考察》、刘亮发表的《关于周原遗址出土的陶丸》及日人户谷清一发表的《从西周宫室遗址出土的陶丸探索算盘的起源》、钤木久男发表的《亚细亚算盘起源考》，同刊于日本珠算史研究学会编《珠算史研究》第10号。李、刘两文是日译文。

陶球及石球主要出土于岐山凤雏村西周甲组建筑基址的

4、5、6 号探方。这种球的直径一般在 1.5—2 厘米之间，圆形，表面光滑，其颜色分青、黄两种，共有九十粒，虽然出土层次不同，但形状一律。李培业和刘亮结合古文献，认为这些陶球是我国迄今发现最早的计算工具，即是算盘上的“算珠”。这种“算珠”是用作算盘计算之用，以色别珠。青色陶球为“天珠”，每珠代表数字为五，黄色陶球为“地珠”，每珠代表数为一，其使用比例为 1∶4，而凤雏遗址共出的九十粒陶球，其中黄色七十粒，青色二十粒，若按 1∶4 搭配成算盘只差十粒，这个差数也许是遗失所致。这种陶球在扶风召陈遗址中也有出土，但数量不多。按文献记载看，我国是世界上发明数学最早的国家，有关数学知识记载的文献也较早。在东汉时，徐岳编撰了《数术记遗》，北周时甄鸾作了注。这是我国数学史和珠算史研究中的重要参考文献。而在此书中已提到算盘这种计算工具了。

另一种形式的计算工具为角质的小圆棒，也出土于岐山凤雏村西周甲组建筑基址的西厢房 2 号房的 11 号和 31 号窖穴。众所周知，这是出土西周甲骨文的窖藏，这种角质小棒共计有九百五十九枚，其中完整者七百五十二枚，略残者二百零七枚。刘亮同志认为这是我国最早的算筹。他认为这些角质小棒有可能是文王用以演周易的算筹实物，因为它具有与王室甲骨刻辞档案材料同等重要的价值，与这些甲骨卜辞有直接关系和同类用途，故二者一起藏入龟室，并推测这有可能是周文王生前用过的东西，后王可视作传家之“神宝”[63]。

我国在西周这个历史阶段时，生产工具确大有发展和改进，生产力得到了长足的提高。这些都与科学技术的发明和创造有很大关系。

注　释

[1]　容庚《商周彝器通考》第 364 页，哈佛燕京学社 1941 年版。

[2]　林甘泉《对西周土地关系的几点新认识——读岐山董家村出土铜器铭文》，《文物》1976 年第 5 期。

[3]　程武《一篇重要的法律史文献——读朕匜铭文札记》，《文物》1976 年第 5 期。

[4]　唐兰《陕西省岐山县董家村新出西周重要铜器铭辞的译文和注释》，《文物》1976 年第 5 期。

[5]　唐兰《西周时代最早的一件铜器利簋铭文解释》，《文物》1977 年第 8 期。

[6]　于省吾《利簋铭文考释》，《文物》1977 年第 8 期。

[7]　张政烺《〈利簋〉释文》，《考古》1978 年第 1 期。

[8]　陕西周原考古队《陕西扶风庄白一号西周青铜器窖藏发掘简报》，《文物》1978 年第 3 期。

[9]　陕西周原考古队《陕西扶风县云塘、庄白二号西周铜器窖藏》，《文物》1978 年第 11 期。

[10]　陕西周原考古队《陕西岐山凤雏村西周青铜器窖藏简报》，《文物》1979 年第 11 期。

[11]　周原考古队《周原出土伯公父簠》，《文物》1982 年第 6 期。

[12]　罗西章《陕西扶风发现西周厉王䚪簋》，《文物》1979 年第 4 期。

[13]　罗西章《扶风出土的商周青铜器》，《考古与文物》1980 年第 4 期。

[14]　唐兰《略论西周微史家族窖藏铜器群的重要意义——陕西扶风新出墙盘铭文解释》，《文物》1978 年第 3 期。

[15]　李学勤《论史墙盘及其意义》，《考古学报》1978 年第 2 期。

[16]　裘锡圭《史墙盘铭解释》，《文物》1978 年第 3 期。

[17]　李学勤《西周中期青铜器的重要标尺——周原庄白、强家两处青铜器窖藏的综合研究》，《中国历史博物馆馆刊》1979 年第 1 期。

[18]　刘启益《微氏家族铜器与西周铜器断代》，《考古》1978 年第 5 期。

[19]　伍仕谦《微氏家族铜器群年代初探》，《古文字研究》第 5 辑，中华书局 1981 年版。

[20]　黄盛璋《西周微家族窖藏铜器群的初步研究》，《社会科学战线》1978 年第 3 期。

[21]　同 [14]。

[22]　单周尧《墙盘"𩁹"字试释》，《文物》1979 年第 11 期。

［23］徐中舒《西周墙盘铭文笺释》，《考古学报》1978 年第 2 期。

［24］同［20］。

［25］同［12］。

［26］高明《簋、簠考辨》，《文物》1982 年第 6 期。

［27］刘启益《伯寏父盨铭与厉王在位年数》，《文物》1979 年第 11 期。

［28］李学勤《师同鼎试探》，《文物》1983 年第 6 期。

［29］郭宝钧《一九五〇年春殷墟发掘报告》，《考古学报》第 5 册（1951 年）。

［30］陈梦家《殷虚卜辞综述》第 25—26 页，科学出版社 1956 年版。

［31］唐兰《在甲骨金文中所见的一种已经遗失的中国古代文字》，《考古学报》
1957 年第 2 期。

［32］陈全方《陕西岐山凤雏村西周甲骨文概论》，《古文字研究论文集》（《四川
大学学报丛刊》第 10 辑），四川人民出版社 1982 年版。

［33］参见《周原考古简讯》1979 年第 13 期。

［34］陕西周原考古队《扶风齐家村西周甲骨发掘简报》，《文物》1981 年第 9
期。

［35］徐锡台《周原甲骨文综述》，三秦出版社 1987 年版。

［36］高明《略论周原甲骨文的族属》，《考古与文物》1984 年第 5 期。

［37］田昌五《周原出土甲骨中反映的商周关系》，《考古学研究》，三秦出版社
1993 年版。

［38］王玉哲《陕西周原所出甲骨文的来源试探》，《社会科学战线》1982 年第 1
期。

［39］转引自［38］。

［40］李学勤、王宇信《周原卜辞选释》，《古文字研究》第 4 辑，中华书局 1980
年版。

［41］王宇信《甲骨学通论》第 416 页，中国社会科学出版社 1989 年版。

［42］李学勤《续论西周甲骨》，《人文杂志》1986 年第 í 期。

［43］朱歧祥《周原甲骨研究》第 2、117 页，（台湾）学生书局 1997 年版。

［44］陕西周原考古队《陕西岐山凤雏村发现周初甲骨文》，《文物》1979 年第 10
期。

［45］同［34］。

［46］徐锡台《周原出土的甲骨文所见人名、官名、方国、地名浅释》，《古文字
研究》第 1 辑，中华书局 1979 年。

［47］李学勤《西周甲骨的几点研究》，《文物》1981 年第 9 期。

［48］同［47］。

［49］同［38］。

［50］徐中舒《周原甲骨初论》，《古文字研究论文集》（《四川大学学报丛刊》第10辑），四川人民出版社 1982 年版。

［51］王宇信《甲骨学通论》第 397—407 页，中国社会科学出版社 1989 年版。

［52］同［31］。

［53］李孝定、周法高、张日昇《金文诂林附录》第 795—796 页，香港中文大学出版社 1977 年版。

［54］王宇信《西周甲骨探论》第 180—181 页，中国社会科学出版社 1984 年版。

［55］郭沫若《古代文字之辩证的发展》，《考古》1972 年第 3 期。

［56］于省吾《关于古文字研究的若干问题》，《文物》1973 年第 2 期。

［57］河南省文化局文物工作队编《郑州二里冈》第 17 页，科学出版社 1959 年版。

［58］季云《藁城台西商代遗址发现的陶器文字》，《文物》1974 年第 8 期。

［59］江西省博物馆等《江西清江吴城商代遗址发掘简报》，《文物》1975 年第 7 期。

［60］陈梦家《西周铜器断代》（二），《考古学报》第 10 册（1955 年）。

［61］王若愚《纺轮与纺专》，《文物》1980 年第 3 期。

［62］罗西章《周原出土的西周陶制生产工具》，《文博》1988 年第 5 期。

［63］刘亮《周原遗址出土的圆柱形角器初考》，《考古与文物》1980 年第 3 期。

参考文献

1. 容庚《商周彝器通考》，哈佛燕京学社 1941 年版。

2. 陈梦家《殷虚卜辞综述》，科学出版社 1956 年版。

3. （汉）司马迁撰 、（宋）裴骃集解、（唐）司马贞索隐 、（唐）张守节正义《史记》，中华书局 1959 年版。

4. （汉）班固撰、（唐）颜师古注《汉书》，中华书局 1962 年版。

5. 中国科学院考古研究所编《沣西发掘报告》，文物出版社 1963 年版。

6. 中国科学院考古研究所编《甲骨文编》，中华书局 1965 年版。

7. 上海师范大学古籍整理组校点《国语》，上海古籍出版社 1978 年版。

8. 文物编辑委员会编《文物考古工作三十年（1949—1979）》，文物出版社 1979 年版。

9. 孙作云《诗经与周代社会研究》，中华书局 1979 年版。

10. 陕西省考古研究所、陕西省文物管理委员会、陕西省博物馆编《陕西出土商周青铜器》，文物出版社 1979—1984 年版。

11. （清）阮元校刻《十三经注疏》，中华书局 1980 年版。

12. 袁珂校注《山海经校注》，上海古籍出版社 1980 年版。

13. 邹衡《夏商周考古学论文集》，文物出版社 1980 年版。

14. 杨伯峻编著《春秋左传注》，中华书局 1981 年版。

15. （汉）许慎撰、（清）段玉裁注《说文解字注》，上海古籍出版社 1981 年版。

16. 史念海《河山集》（二集），三联书店 1981 年版。

17. 吕思勉《吕思勉读史札记》，上海古籍出版社1982年版。

18.《古文字研究论文集》（《四川大学学报丛刊》第10辑），四川人民出版社1982年版。

19.（清）郝懿行撰《尔雅义疏》，上海古籍出版社1983年版。

20. 罗振玉编《三代吉金文存》，中华书局1983年版。

21. 王国维校，袁英光、刘寅生整理《水经注校》，上海人民出版社1984年版。

22. 苏秉琦《苏秉琦考古学论述选集》，文物出版社1984年版。

23. 王宇信《西周甲骨探论》，中国社会科学出版社1984年版。

24. 许维遹《吕氏春秋集释》，中国书店1985年版。

25. 唐兰《西周青铜器铭文分代史征》，中华书局1986年版。

26.（清）洪亮吉撰、李解民点校《春秋左传诂》，中华书局1987年版。

27. 杨鸿勋《建筑考古学论文集》，文物出版社1987年版。

28. 卢连成、胡智生《宝鸡㳟国墓地》，文物出版社1988年版。

29. 陈全方《周原与周文化》，上海人民出版社1988年版。

30. 史念海《河山集》（三集），人民出版社1988年版。

31. 金启华《诗经全译》，江苏古籍出版社1988年版。

32. 王宇信《甲骨学通论》，中国社会科学出版社1989年版。

33. 李学勤《新出青铜器研究》，文物出版社1990年版。

34. 陈全方《当代陕西文博》，三秦出版社1990年版。

35. 田昌五主编《华夏文明》第2集，北京大学出版社1990年版。

36. 刘起釪《古史续辨》，中国社会科学出版社1991年版。

37. 安金槐主编《中国考古》，上海古籍出版社1992年版。

38. 陕西历史博物馆编《周文化论集》，三秦出版社1993年版。

39. 石兴邦主编《考古学研究》，三秦出版社1993年版。

40. 陕西省考古研究所编《高家堡戈国墓》，三秦出版社1995年版。

41. 陕西省考古研究所编《镐京西周宫室》，西北大学出版社1995年版。

42. 王仲孚《中国上古史专题研究》，（台湾）五南图书出版有限公司 1996 年版。

43. 陈全方、李登弟《陕西古代简史》，陕西人民教育出版社 1996 年版。

44. 郭沫若《两周金文辞大系图录考释》，上海书店 1999 年版。

45. 陈梦家《西周铜器断代》，中华书局 2004 年版。

后　　记

　　1949 年以来，我国的文物考古事业和其他事业一样，得到了空前的蓬勃发展，取得了辉煌的成就。重大考古发现犹如雨后春笋接踵而来，出土了大量前所未闻的稀世文物瑰宝，为研究我国古代各时期的政治、经济、军事和文化等提供了实物例证。

　　周原考古的发掘与研究是 20 世纪 70 年代全国重大考古发现之一。其宫室（宗庙）的问世、西周甲骨文的出土、数百件青铜器铭文的重见天日均引起了国内外学者的重视和关注。自那以后在学术界纷纷发表、出版了许多有关周原考古研究的论著，为深化西周历史的研究作出了显著贡献。

　　《周原》一书即将由文物出版社付梓出版了。这一方面与朱启新先生的关怀和修改是分不开的，另一方面更与葛承雍先生的关心、陈峰同志的悉心编辑密切相关。再次对文物出版社曾经为此书操劳的所有同志表示由衷的感谢！

　　由于水平有限，本书错误之处在所难免，敬请广大读者和同仁不吝赐正。

2007 年 3 月 1 日于西安

图书在版编目（CIP）数据

周原/陈全方，陈敏著．－北京：文物出版社，2007.5
（2020.11重印）
（20世纪中国文物考古发现与研究丛书）
ISBN 978-7-5010-2175-8

Ⅰ.周… Ⅱ.①陈… ②陈… Ⅲ.周文化（考古）-研究
Ⅳ.K871.34

中国版本图书馆CIP数据核字（2007）第038735号

20世纪中国文物考古发现与研究丛书

周原

著　　者　陈全方　陈　敏

封面设计　张希广
责任印制　陈　杰
责任编辑　陈　峰
出版发行　文物出版社
社　　址　北京市东直门内北小街2号楼
网　　址　http：//www.wenwu.com
邮　　箱　web@wenwu.com
印　　刷　文物出版社印刷厂有限公司
开　　本　850mm×1168mm　1/32
印　　张　6.375
版　　次　2007年5月第1版
印　　次　2020年11月第2次印刷
书　　号　ISBN 978-7-5010-2175-8
定　　价　40.00元